最美的教育最简单

刘宝江 / 编著

吉林文史出版社
JILIN WENSHI CHUBANSHE

图书在版编目（CIP）数据

最美的教育最简单 / 刘宝江编著 . -- 长春 : 吉林文史出版社 , 2023.5

ISBN 978-7-5472-9168-9

Ⅰ . ①最… Ⅱ . ①刘… Ⅲ . ①家庭教育 Ⅳ . ① G78

中国版本图书馆 CIP 数据核字 (2022) 第 196879 号

最美的教育最简单

ZUI MEI DE JIAOYU ZUI JIANDAN

编　　著　刘宝江
出 版 人　张　强
责任编辑　张雅婷
封面设计　郑金霞
出版发行　吉林文史出版社
地　　址　长春市净月区福祉大路 5788 号出版大厦
印　　刷　天津海德伟业印务有限公司
开　　本　640mm × 910mm　　1/16
印　　张　12
字　　数　153 千
版　　次　2023 年 5 月第 1 版
印　　次　2023 年 5 月第 1 次印刷
书　　号　ISBN 978-7-5472-9168-9
定　　价　69.00 元

前言

PREFACE

哲学家爱尔维修曾经说过：孩子在刚生下来的时候都是一样的，但是由于环境和教育的不同，有的孩子可能会成为天才，但是有的孩子可能变成了凡夫俗子甚至是蠢材。通过爱尔维修的这句话，我们可以知道一个孩子的成长环境和所受教育对于他的成长是多么重要。

如今越来越多的父母开始重视家庭教育，希望能够给予孩子最好的教育，让他们快乐成长，变成最优秀的孩子。但很多父母找不到恰当的教育方法。如何教育孩子，高质量地陪伴孩子成长成为当下父母共同关注的话题。

那么，什么样的方法可以让教育变得简单一些呢？本书为您进行了深入的剖析，以理论结合故事的形式告诉父母，孩子是一个独立的个体，要给予他足够的成长空间，在他成长的道路上，父母要始终做孩子的引导者和支持者，而不是代替他成长，否则，父母之爱很可能会成为阻碍孩子发展的最大障碍。

孩子的成长只有一次，父母要好好地陪伴他。希望您能够在本书中找到适合自己孩子的教育方法，把自己轻松地变成孩子的良师益友，让他时时刻刻都能够感受到父母的关心与爱护，从而快乐成长。

目录

CONTENTS

第一章

给孩子留下自己的空间

在教育孩子方面，很多时候父母都会陷入“欲速则不达”的怪圈当中，越是想让孩子按你的想法去做，取得的教育效果往往越差。造成这种现象的根源，就是父母越界了，没有给孩子留下自己的空间，导致孩子压力过大，无所适从。所以，空间感在亲子关系中非常重要，父母要想让孩子与自己顺畅沟通，快乐成长，就要给孩子留下自己的空间。

孩子不是在破坏，是在努力创造

有人说孩子是“小天使”，有人说孩子是“小魔头”，这是孩子带给父母“惊喜”和“惊吓”之后，父母最直接的反馈。所谓惊喜，一定是孩子做出一件让父母意想不到的事情，甚至完全超出了父母对他们的预期；而惊吓则是由于他们具备令人意想不到的破坏力。事实上，没有哪个孩子喜欢被叫成“小魔头”，也没有哪个孩子天生就爱搞破坏，他们只是在用自己的方式努力创造，尝试去实践自己的想法。这时，面对孩子，父母需要做的就是给予孩子足够的空间去证明自己，而不是去怒吼和制止他。

接孩子放学回家之后，妈妈安排儿子小军写作业，自己则一头扎进厨房开始张罗晚饭。她不知道这样忙碌的日子是从什么时候开始的，繁重的工作和家务常常让她精疲力竭，脸上很少露出舒心的笑容。

吃过晚饭，妈妈收拾了碗筷，擦干净了厨房，又把屋子好好地打扫了一遍，心想：终于可以安心地休息一下了。于是她到书房看起了书，让小军自己在客厅玩一会儿。差不多该睡觉的时候，妈妈走出书房，准备让小军上床休息，可当她走到客厅的一瞬间，被眼前的场景震惊了：小军手中拿着剪刀，正在剪着什么，桌子上、地上满是碎纸片，茶几上几瓶颜料东倒西歪地躺着，有的已经洒了出来，而小军自己也变得不成样子，满脸满手的颜料，衣服上沾满了胶水，尽管这样，他还是一脸开心的样子。

妈妈瞬间怒火中烧，自己好不容易打扫干净的房间变成了这个样子，又得费一些工夫清理！妈妈越想越气，冲着小军就大声地吼道："你这个破坏分子，妈妈已经够辛苦了，你就不要给我搞破坏了，行吗？"

"妈妈，我没有搞破坏，你看——"

"我不想看！你的任务就是学习，每天把学习搞好就可以了，其余的事情想都不要想，好吗？"妈妈生硬地打断了小军的话，"回你自己房间反省去吧！"

小军一脸委屈地拿着手里的东西回到房间，妈妈则一边为小军搞破坏生气，一边给他收拾"战场"。

过了一会儿，小军悄悄从房间探出头来，伸出一只手，说道："妈妈，这是我送给你的，我今天刚学的，做了很多遍才成功的。"

看着小军手中的纸戒指，妈妈不禁心生愧疚，原来孩子并不是在搞破坏，而是在给自己做礼物。

我们不难发现，小军妈妈对孩子的教育方式是存在问题的，她的一顿训斥让孩子倍感委屈，或许再也不敢有下一次了，这对孩子的成长是不利的。而有些父母照顾孩子的感受要多一些，他们以孩子的探索和快乐为关注点，给孩子营造足够的成长空间，因此孩子更快乐，更富有创造力，也更有勇气去探索生活。

星期天，爸爸带乐乐回乡下奶奶家。正值春季，奶奶家的菜园子漂亮极了。蔬菜刚刚冒出绿色的新芽，两棵杏树开着芳香浓郁的花朵，蜜蜂嗡嗡地歌唱着。乐乐跟奶奶打过招呼之后，撒腿就跑进了菜园子，想在花草之间寻找点儿快乐。

过了一会儿，奶奶看见乐乐手中拿着一根长竹竿，正在敲打杏树树枝。只见杏花随着震动飘落下来，乐乐不仅没有停下来，眼睛还滴溜溜地转向更加浓密的花枝。爸爸看到这样的场景赶紧去阻拦，奶奶却说："杏花那么多，就让她玩去吧，开心就好。"

转眼夏天来了，爸爸去乡下探望奶奶时带回了很大的杏子，就连妈妈都吃惊了："今年的杏子真大，足足比往年的大了一倍多。"一旁的乐乐笑了，一脸骄傲地说："妈妈，你知道今年的杏子为什么这么大吗？那是因为我给它'打顶'了。我在劳动课上学的。"

爸爸瞬间想起了乐乐敲打花枝的画面，原来她是在实践"打顶"，而不是故意搞破坏。于是爸爸脸上不由得现出欣慰之色。

作为父母，要相信破坏的另一面就是创造。当孩子专注地干一件事时，父母不要以自己的想法去训斥和判定，而是要给孩子解释的机会，或者是尝试去了解孩子内心的想法。即便孩子的创造最后没有成功，只是单纯变成了一种"破坏"，父母也要微笑面对，至少他们曾经为这件事努力尝试过了。父母要珍惜孩子的天真和想象力，让他们自己在探索中长大，而不是在孩子每每有了想法之后，不断地去阻拦和训斥。如果父母真的训斥了孩子，或许他们的创造力就会被扼杀，逐渐变成一个没有半点儿想法的笨孩子。

事事争第一是父母给孩子的魔咒

不知道从什么时候开始，“第一名”这三个字成了父母对孩子说得最多的词。“第一名”放大了父母对孩子学习的焦虑，也削减了孩子的学习乐趣，让父母和孩子都备感压力。“第一名”固然是好的，它不仅是对孩子努力成果的一个考核，也是对孩子努力成果的充分肯定。然而努力的孩子有很多，但第一名只有一个，如果大家都要争第一，那岂不是要“头破血流”？那是不是得不到第一的孩子就不优秀呢？答案一定是否定的。所以父母在教育孩子的过程中，一定要给孩子留有自己的空间，让他们尽最大的努力去做一件事，而不是必须去争得第一，这样孩子才能在学习和生活中感到快乐，而不是压力。

楠楠妈妈在孩子的教育上非常严苛，总是希望楠楠能够出类拔萃，无论是学习上还是生活上，处处都要强过别人。妈妈的教育方式让楠楠压力很大。每次考试，无论大考小考，哪怕只是一次简单的测试，妈妈都要细细地过问同学们的成绩。如今班级里不排名，她就找其他家长询问成绩，只要发现谁的成绩高于楠楠，她就会在楠楠的耳边唠叨个不停：“宝贝，你看看人家佳佳这次考试超过你了，你什么时候给妈妈考个第一名呢？”楠楠听后苦恼地低下了头。

有一次，楠楠考了99分，心里很高兴，因为这次成绩比上次高出好几分呢。她原本以为妈妈会为自己的进步而高兴，甚至夸一夸自己，谁知妈妈看了成绩单之后，反而一脸不满意地说："唉，跟第一名只差一分，你下次一定要考个第一名才好。"楠楠又失望又伤心，轻轻地应了一声就回屋了。

慢慢地，在妈妈的反复强调下，楠楠的心理压力越来越大，每次考试都紧张得要命，生怕考不上第一名。在这种心理状态下，楠楠每次都考不好，尤其是遇到难题时，根本无法冷静思考，满脑子都是"完了，完了，我考不上第一名了"。于是，她逐渐变成了妈妈口中"关键时刻掉链子的孩子"，并对自己失望到了极点。

楠楠妈妈的教育方式是存在问题的，她给孩子设立的目标都是最高点，没有给孩子属于自己的空间，反而让楠楠失去了努力的信心，影响了楠楠的健康成长。

争第一是证明自己的方式，而不是做任何事情的唯一目的。有些父母争强好胜，认为不论什么事情，得了第一脸上才光彩，于是在孩子的教育上狠下功夫，不断给孩子灌输得第一的思想，本以为是对孩子的鼓励，结果却矫枉过正，让孩子变得不快乐。

第二届学校夏季运动会即将开始了，冬冬参加的是跳高比赛。从决定参加比赛开始，冬冬每天都会在爸爸的陪同下刻苦练习。他一边练习，爸爸一边给他上课:"你可得好好练习,只有得了第一名才是真正的荣誉。"

"可是爸爸，我只要尽力不就好了吗？"

"你个傻孩子！自古以来，人们记住的都是冠军，谁知道第二名是谁呢！"

"很努力了但还是得不到第一名怎么办呢？"

“不要说这没出息的话！不想当将军的士兵不是好士兵，不想得第一的孩子就是没出息！成王败寇，失败了就是不行！”

“那要是我得不了第一，你是不是觉得很丢脸呢？”

“当然！我的儿子必须得第一，可不要给爸爸丢脸哟！”

冬冬默默地练了起来。爸爸觉得有了自己的这一番激励，冬冬一定能全力以赴得个第一名，毕竟冬冬还是很有跳高天赋的。

比赛开始了，冬冬跳得很努力，成绩也相当不错，远超前几位运动员，如果不出什么意外，他的第一势在必得。很快，最后一位运动员上场了，看见这位同学个头不高，冬冬心中不由得一阵暗喜，做好了得第一的准备。然而让他没有想到的是，这位运动员纵身一跃，就像一根弹簧一样，轻松地打破了冬冬的纪录。这匹跳高黑马的出现致使冬冬退居第二。

比赛结束后，冬冬无法面对自己没得第一的事实，在教室里痛哭起来，老师安慰他说：“你是第二名已经很好了，不要对自己太苛刻。”

“可是老师，我爸爸说得不了第一是很丢脸的事情，我不是个好孩子……”

后来，无论干什么事情，冬冬的好胜心都特别强，得不到第一他就难过大哭，心理极度脆弱。

冬冬的性格特点在很大程度上与爸爸的教育有关。所以父母在教育孩子时，不必事事要求孩子做到最好，而是要给孩子留有足够的空间去努力，这样不仅可以让孩子减轻心理压力，还可以让孩子坦然面对失败，逐渐打磨自己的坚强意志。身为父母应该明白怎样的教育对孩子的成长有利，而不是一味强调事事争第一，让虚荣心在孩子的心里生根发芽。

请尊重孩子纯真的想法

提到孩子，我们就会忍不住想到一些与他们有关的词语来，如活泼可爱、天真善良、单纯无瑕……没错，每个孩子都是美好而纯真的。他们来到这个世界才短短几年，正懵懂无知、小心翼翼地探索着生活，所以他们的脑袋里总是有很多天马行空的想法，他们需要探寻答案，逐步去了解社会。这时，作为父母，最好的做法就是尊重他们的想法，进行合理的诱导，让他们发挥自己的潜能，将来成为出类拔萃的人才。

李玲小的时候，某一天爸爸给她带回来一只漂亮的小鸟。李玲非常高兴，立刻找来鸟笼养了起来。从那以后，她每天除了精心饲养，还用心地教小鸟说话。

一次，她正在教小鸟说话，家里来了几位客人，其中一位阿姨看见李玲认真的样子非常可爱，就逗她说：“这只鸟说不定不是本地的，你说方言它也许听不懂。”于是，李玲马上换了普通话继续教小鸟说话，这下把客人们都逗笑了。那位阿姨接着说道：“宝贝，阿姨逗你玩呢，小鸟怎么可能听懂人话呀！”

“我觉得它一定能听懂，我也会听懂它的话。”李玲认真地答道。

屋里又是一阵笑声，这让李玲非常难过。晚上，李玲躺在被窝里，和妈妈说：“我觉得只要努力，小鸟和人类一定能交流。”

“好孩子，现在妈妈还不知道你说得对不对，不过我尊重你的想法，你可以继续努力。大自然很神奇，其中有无数的奥秘等待人们去探索。”

李玲带着这个想法长大了，成了一位鸟类专家。她和自己的团队每天在树林中、高山上寻找不同的鸟类，了解它们的声音。鸟儿觅食会怎样叫，求偶会怎样叫，呼唤同伴又会怎样叫，她基本上都有了了解。她和她的团队为鸟类研究做出了很大的贡献。

孩子的心灵敏感而脆弱，尊重和鼓励会让他们得到精神上的支持，更加勇于探索和思考，甚至激发出更大的灵感。试想，如果牛顿没有“苹果为什么落到地上，而不是飞到天上”这样奇特的想法，他会不断思考，最终成为大物理学家吗？如果瓦特对“壶盖为什么会跳动”没有感到疑惑和好奇，他能发明出第一台具有实用价值的蒸汽机吗？所以，很多奇特的想法都是未来某一重大发现的原动力，父母要给予孩子足够的尊重，让他们有想象的空间，说不定就会激发出孩子无限的潜能来。相反，如果孩子向父母提出奇特的想法时，父母却凭借自己有限的社会阅历否定了他，并且用“现实”去教育他，那就可能会挫伤他的自尊心，使他不再有探索世界的自信心。

兰兰原本是个“小话痨”，每天在家有说不完的话，不是问这，就是问那，小小的脑袋里总有许许多多的想法。可是父母觉得她的那些想法实在是太幼稚了，孩子逐渐长大，应该越来越了解社会，明白人情世故。所以，每当兰兰有奇怪的想法时，他们总是不耐烦地制止她再说下去，并一再否定她的想法。

“爸爸，我把苹果埋在地里了，明年这里就能长出苹果树啦！”

“你以为苹果树那么好长吗？你想得太简单了。”

“妈妈，天上到底有多少星星呢？数也数不清。”

“你数它干什么？有时间看会儿书不是更好？”

……

慢慢地，兰兰回家不再爱说话了，因为她觉得自己是个傻瓜，至少每次爸爸妈妈就是这样说的："这个孩子太傻了！""你怎么能这么傻呢？""这样的话只有你这样的傻瓜能说出来。"……她再也不敢表达自己的想法了，因为那全是一些"幼稚"的想法。

后来，爸爸妈妈发现兰兰越来越沉默，似乎有些自闭的倾向，于是就去求助老师。经过一番了解之后，老师对兰兰的父母说："你们对孩子的尊重太少了，她的想法总是得不到正面的回应，所以就不再说话了。孩子是需要鼓励的，纯真是他们最可贵的地方，我们大人不应该用现实去打击她。太阳可以是七彩的，也可以是任何一种颜色，只要在他们心中足够美就可以。如果我们非要纠正他们，很可能是在扼杀他们的想象力和创造力。"

听了老师的一番话，兰兰的爸爸妈妈若有所思地点了点头。

父母的教育对孩子的成长有很大的影响，当面对孩子天真的想法时，父母要学会尊重，并且将他们引导到正确的轨道上来，然后给他们空间，让他们自己去探究真假对错，不断成长学习。天才是被鼓励出来的，而父母的尊重就是最大的鼓励。

别把你的压力转嫁给孩子

社会的快速发展促使生活的各个方面都进入快节奏的状态，使得社会竞争日益突出。作为父母，一方面要应对工作上的竞争压力，另一方面还要照顾孩子的学习，难免会有些力不从心，感觉压力很大。一些心态好的父母懂得自我调节，能够以一种轻松的姿态来面对身边的一切；也有一些自我调控能力差的父母，他们会越来越焦虑，甚至不经意间把压力转嫁给了孩子。

孩子是单纯善良的，他们很敏感，也很脆弱，当他们所肩负的压力太大时，内心很容易受到伤害，从而影响到学业，甚至失去健康快乐的童年。

小新的妈妈是普通的工薪阶层，每天过着朝九晚五的生活。最近公司事情特别多，她也因此忙得不可开交。或许是因为累的缘故，她每天回到家都不是很开心，饭桌上，总会给小新讲工作上一些不愉快的事。

“公司最近来了好几个新人，他们什么都不会干，妈妈干的活越来越多了。”

“他们学一学不就会了？”小新说道。

“学？他们才不愿意学呢，谁干活不累啊！”

“那妈妈可以换一个地方工作啊！”

“哪有你说的那么容易？换工作得适应，一时间也挣不到钱，到时候你就别想吃肉了。看看妈妈多辛苦呀。”

诸如此类的谈话，几乎每天都会出现在饭桌上，刚开始小新还会安慰妈妈，可是后来，他觉得无能为力，也就不说什么了。不仅如此，小新在学校总是唉声叹气，整天一副老气横秋的样子，学习也没有那么积极了。老师不明白之前阳光快乐的小新到底发生了什么事情，于是就找他谈心。小新说：“我妈妈工作太累了，我很不开心，没有心情学习了。”

老师这才明白，原来是父母的负面情绪太多了，以至于让小新感到了巨大的压力，所以完全变了个样子。

事实上，孩子的承受能力有限，如果父母把烦心事一股脑儿地说给他们听，他们很难自我调节和消化，以至于郁积在心中，逐渐占满自己的成长空间，成为一个不快乐的孩子。所以身为父母，在陪伴孩子时应该给他们营造一个轻松快乐的空间，尽量避免出现不停诉苦的精神状态，以免增加孩子的心理负担。

当然，有些父母让孩子有压力是故意而为之的，因为他们信奉一句话“有压力才有动力”，所以在生活中不断给孩子施压，希望能够激发出孩子的无限潜力。这种做法是很危险的，很可能会让孩子变得消极或叛逆。

“宝贝，你猜猜妈妈今天给你买什么了？”

“不会又是卷子吧？”

“恭喜你，答对了！”妈妈说着把练习卷摆在了乐乐的面前。

“哦，天哪！我的敌人！”乐乐看着卷子愁眉苦脸地说道。

“可不能这样想啊，宝贝。做了这个卷子，你就有力量了，就像大力水手吃了菠菜一样。”

“妈妈净骗人，我真的很累，不想做了。”乐乐一边嘟囔，一边拿着卷子去做了。

虽然乐乐每天按照妈妈的意思学习着，可是他真的不情愿，他感觉身上的压力有千斤重，根本没有什么动力。因为长时间没有自由时间，乐乐越来越渴望自由，上课开始出小差，经常望着窗外发呆；回家也是佯装学习，在书桌底下玩弄一些小玩意儿。如此一来，乐乐的成绩下降了。妈妈急得好像热锅上的蚂蚁，赶紧给乐乐报补习班，买学习资料，利用一切可利用的时间，甚至饭桌上也会问东问西。面对妈妈变本加厉的施压，乐乐干脆什么都不干了，似乎找到了前所未有的轻松。这下更急坏了妈妈，她不明白为什么原本乖巧的乐乐会变得如此叛逆。

乐乐妈妈的教育显然是失败的。孩子的成长需要自己的空间，无论学习还是生活，轻松快乐才更有效果。父母不能拔苗助长，用错误的方法去催促他们。

有时候，孩子就像一根弹簧，而父母的压力就像是一块重石，父母无法预料把石头放上去会有怎样的后果，是恰到好处，还是压到弹不起来，抑或是彻底反弹。父母一定要控制自己，要自我消化压力而不是转嫁给孩子，让孩子有自己的成长空间。

不要急着提反对意见

生活中，我们经常会遇到一些这样的父母：孩子一旦做一件事情或说一句话，不符合自己的心意或观点，立刻就打断孩子，不由分说地提出自己的反对意见，不管孩子是不是还想继续说下去，或者会不会感到委屈，他们觉得没有必要在错误的行为和表达上浪费时间。这样的父母通常不太了解孩子内心的想法，也很难与孩子建立相互信任的沟通桥梁。

孩子的内心是需要被倾听的，只有父母听完了孩子所有的话，才能完全明白他们想要的到底是什么，想法是否正确，这时父母再提出自己的反对意见也不迟。

一天早上，临出门上学的时候，丽丽向妈妈提出了一个请求："妈妈，我今天上学想带两个梨。"

"不行，快走吧，小心迟到！"妈妈很干脆地回答道。

"我只带两个，很快的。"

"一个也不行，上学哪有时间吃梨。"

"妈妈，我带梨……"

"别说了，上学不让带零食。"妈妈一边说着，一边拉着丽丽准备出门。

看到妈妈不给自己说话的机会，丽丽急得直跺脚，带着哭腔说道："妈妈，我想带两个梨。"

妈妈有些生气地问道："你倒是说说，带梨准备什么时间吃呢？"

"我不吃，我们老师生病了，听说冰糖雪梨可以治咳嗽，我是想送给她的。"

"原来是这样啊，你怎么不早说呢？"

"你给我说的机会了吗？我刚开口你就说不行。"

妈妈脸上露出了微微的羞赧之色，说道："好了，妈妈这就给你拿。"

于是，丽丽高高兴兴地带上两个梨出门了。

有时候，孩子还不能立刻、完整地表达出自己的意思，父母要有些耐心，认真听他们把话说完，不要急着提出反对意见。否则，孩子的想法长期得不到完整的表达，很可能就会放弃与父母沟通，从而影响孩子的表达能力和沟通能力，这对他以后的性格、心理等方面的成长都是很不利的。

春天来了，田野里渐渐绿了起来，正是踏青赏景的好时候。涛涛妈妈跟班里的其他几位妈妈约好周六带孩子们去郊游。

到了目的地之后，孩子们开心地玩了起来，妈妈们则坐在一起吃东西、聊天。不一会儿，涛涛跑到妈妈的跟前，说道：“妈妈，你听我说，小宇说山上有小鸟呢！”

“好的，我们知道了。”

“妈妈，小东说山上很危险，路很难走。”

“好了，我们知道了，你跟小朋友们去玩吧。”

“可是妈妈，我很喜欢小鸟。”涛涛继续说着。

这时，另外一位妈妈问道："你是想说要到对面的小山上玩是吗？"

涛涛点点头。于是几位妈妈商量了一下，说道："你们去玩吧，不过要小心一点儿啊。"还没等话音落地，涛涛就一溜烟儿地跑掉了，冲着其他小朋友高声地喊着："走吧，她们同意我们去玩了。"

这时，一位妈妈对涛涛妈妈说道："你家宝贝说话真有趣，每次说话之前总有一个前缀'妈妈，你听我说'，一下子就让我想起了《红灯记》。"

"还真是！"另一位妈妈也附和道。

大家这样一说，涛涛妈妈也意识到了这一点，于是说道："可能是平时我不怎么认真听他说话的原因。"

"这样可不行，涛涛妈妈，孩子是需要充分练习表达的，如果我们总是不给他说话的机会，孩子会很着急，久而久之，表达能力就会受到影响。"

听了对方的话，涛涛妈妈才意识到自己的问题。平日里，她是一位比较强势的妈妈，很少会认真地倾听孩子的想法，她总觉得孩子还小，只要听话就行了，从来没有想过对孩子有什么不好的影响。

其实很多父母往往会沉浸在自己的世界里，忘记尊重孩子的话语权，只要孩子说的东西自己不感兴趣，就会立刻打断。孩子虽小，但也是有自尊心的，当他们的倾诉长时间被否定，他们就不再愿意同父母交流。父母想要与孩子建立良好的关系，好好地陪伴孩子长大，就要在与孩子交流时认真听完他们说的话，然后再表达自己的想法，这样孩子更容易接受一些，也能够避免对其产生伤害。

逼得越紧，逆反越激烈

在陪伴孩子成长的过程中，几乎每一对父母都经历过甚至正处于孩子的逆反阶段。这是一个令人头疼的阶段，孩子特立独行，不管对错，随心所欲地做一些自己想做的事情，如果父母加以管教约束，他们就会变本加厉地闹腾，可如果真的放手不管，父母又会担心孩子在错误的道路上越走越远。那么父母该如何帮孩子顺利度过这一阶段，好好地陪伴孩子呢？父母需要张弛有度，给孩子留有足够的自我空间。

有些父母觉得爱孩子就要无微不至，时刻守在他们身边嘘寒问暖、加油鼓劲，哪怕孩子对这种关怀表现出明显的反感和逆反，也要坚持，毕竟孩子还小，还不能很好地理解父母的爱。其实这种想法是不对的，俗话说“距离产生美”，父母和孩子之间亦是如此，父母紧跟在他们身后反而会使他们的逆反情绪更强烈。

凡凡一直是一个听话的乖乖女，每天按照妈妈的想法按部就班地生活着。一次课间活动，她跟同学们聊天，发现大家的生活很精彩：小明周末去郊外放风筝，无意间发现了一个鸟窝，里面的小鸟正在孵化，可有趣了；小丽利用自己的手工工具，居然自己动手做了一条裙子，穿上别提有多美了……于是凡凡想，什么时候自己能够脱离妈妈的呵护，干点儿什么就好了。她越这样想，越觉得妈妈的无微不至让她反感。尽管这样，妈妈始终跟在她的身边。她学习，妈妈陪在桌前；她出去玩，妈妈跟在身后，跟谁玩、去哪儿玩都要听妈妈的安排。每当凡凡表示出不情愿时，妈妈就会说：“小家伙，有人照顾你还不好啊？”

“妈妈，你让我自己待会儿行吗？我又不是两三岁的小孩。”

“怎么，现在就嫌我烦啦？不管用的，只要你还在这个家，妈妈就得照顾你。”

“可是妈妈，你照顾得太周到了，我好像被你紧紧地攥在手里，快要喘不上来气了。”

“嘿，你这个小家伙，翅膀硬了不是？想逃出我的五指山了？”

凡凡没再说什么，第一次摔门出去，妈妈仍紧跟在身后。走到大街的一个长椅前，凡凡一屁股坐了下来，号啕大哭。妈妈无所适从地站在那里，她实在想不明白，为什么自己费心费力地照顾孩子，到头来却是这个样子？

生活中，的确有些家长像盘旋在孩子头顶上的一架直升机，他们严密监控着孩子的一举一动，随时进行干预和指导。这种“照顾”把孩子逼得太紧，孩子没有了属于自己的空间，于是叛逆的情绪逐渐滋生并壮大。

还有些控制型的父母，经常打着“我是为你好”的旗号，以父母的威严居高临下地看着孩子，所说的话就像命令一样，不管孩子是否愿意，必须执行，终于把孩子逼迫得越来越叛逆。

宁宁的爸爸是一个非常强势的人，几乎容不得别人不同的意见。在孩子的教育问题上，他更是说一不二，很少跟孩子商量。

前段时间，宁宁的数学成绩有些落后，还没等宁宁自己加油，爸爸就赶紧给她报了补习班，还买了很多的学习资料。宁宁觉得只要自己再加把劲儿学习，根本不用上什么补习班。可在爸爸的坚持下，她还是不情愿地去了。后来，爸爸又给她报了书法班，这让宁宁几乎崩溃，她大声地哭喊着：“我不去练书法！”可是爸爸根本无动于衷。

妈妈去跟爸爸商量，爸爸却说："父母之爱子，则为之计深远（出自《战国策》的《触龙说赵太后》）。现在多学点没坏处。"

"可宁宁还是个孩子，她太累的话就完全没有学习的心思了。你看她现在，一点儿都不听话了，如果再这样下去——"

"再下去还能怎样，想翻天不成？"

妈妈也没什么可说的了。一天，宁宁放学回家，爸爸兴高采烈地拿着一张宣传单，走到她的面前，说道："闺女，快看，爸爸给你报了一个特别棒的英语班。"

宁宁先是一愣，然后什么话也没有说就回房间去了。晚饭时，妈妈几次喊吃饭也不见宁宁出来，于是就到屋里去叫，这才发现宁宁早已出去了，桌子上还留着一张字条：爸爸，我走了，补习班你自己去上吧！

爸爸妈妈慌了神，赶紧出去寻找，好在宁宁没跑太远，很快就平安地找了回来。这一次，爸爸也意识到是自己把孩子逼得太紧了，才让她做出如此过激的行为。

父母在教育孩子时，要给孩子留有空间，凡事多站在孩子的立场上想想，而不是想当然地认为只要对孩子好，孩子就必须得接受。孩子小的时候，虽然理解不了父母寄予厚望的心情，但仍然会按照父母说的去做；可孩子长大了，有了自己的思想，父母如果步步紧逼，反而会让他们想逃离。

留有足够的空间才能更好地沟通

沟通是建立在人与人之间的一道桥梁，良好的沟通可以拉近彼此之间的距离。父母要想好好地陪伴孩子，真正地了解孩子，沟通必不可少。那么如何才能进行好的沟通呢？其中最重要的一点就是给孩子留有足够的空间。

面对问题时，孩子因为思想不成熟，往往不能迅速保持理智的思考，如果这时与其沟通，孩子的抵触情绪会很高，很可能无法达成沟通的目的；但如果父母给孩子足够的空间让他去冷静思考，然后再进行沟通，或许情况就会改观很多。

小明和小亮是同桌，也是好朋友，他们经常一起学习。一天自习课上，他们遇到了一道难题，小明说应该这样做，小亮说应该那样做，两个人争论得面红耳赤，最后竟然大打出手。虽说都没有受伤，但老师还是通知了家长，希望回去之后家长能够耐心教育孩子，让孩子认识到打架是一件不对的事情。

之后，父子关系出现两种不同的情况、两种不同的结果：

A：小明爸爸接到小明以后，一路上喋喋不休地数落他："你长本事了啊，居然还学会打架了，小小年纪怎么不学好呢？"

"又不是我先动的手。"小明为自己申辩道。

"谁先动手也不行啊，打架就是不对。你说，以后还打不打架了？"

"不打了，行了吧？"小明生气地说道。

回到家之后，小明怒气冲冲地回到自己的房间，一句话也没说，心想：我爸爸根本不爱我，丝毫关心我的样子都没有，劈头盖脸就是一顿数落，就好像都是我的错一样。小明越想越生气，越想越委屈，干脆大哭起来，这时爸爸走进房间，再次询问打架的事情，可小明只是说："爸爸，你出去吧，我不想再谈这件事了。"

B：小亮爸爸接到小亮以后，一路上彼此都沉默着。回到家之后，爸爸对小亮说："先给你半小时时间自己冷静一下，想想自己的对与错，然后咱们再谈。"过了一会儿，小亮打开房门走了出来，说道："爸爸，我想过了，这件事情我确实做得不对，不该跟好朋友动手。"爸爸看到小亮的情绪已经稳定了不少，于是开始和小亮讲怎样去处理争执，又该怎样维护友情，小亮一边点头，一边说："爸爸，你说的有道理。"

同样是打架，一个小朋友以愤怒收场，另一个小朋友以反省自己的错误收场。之所以会产生不同的结果，最关键的一步就是孩子与爸爸之间的沟通。所以，父母在教育孩子时，首先要留给他们自己思考的时间，让孩子自己建立是非观念，有了这样的基础沟通才更有效。

有些父母想要跟孩子沟通，但大多都苦于没有方法，以至于最后亲子关系越来越紧张，整个家庭氛围都不利于孩子的成长。

梅梅一向是个听话的孩子，妈妈在生活上对她的照顾也是无微不至。妈妈经常说："你只管好好学习就行，其他的交给老妈就好了。"

妈妈对梅梅的管教非常严格，只要妈妈认定的事情就是好的，她看上的东西也是最适合的。每次妈妈带梅梅去买衣服，总是问：“宝贝，你想要什么样的呀？”

“妈妈，我想要一条公主裙。”

“那样的裙子虽然漂亮，但是不利索，你现在还是小学生，朴素一些好。”

“可是，班里很多同学都有。”

“你是你，不要看别人。”

妈妈虽然询问了梅梅的意见，但最后还是自己做了决定。妈妈总是这样，以至于后来梅梅再也不发表什么意见了，只是遵照妈妈的想法去做。

有一段时间，妈妈发现梅梅认识了一些高年级的女生，她们还在星期天约梅梅出去玩。后来，妈妈发现这些女孩还跟社会上的女孩有来往。这下妈妈着急了，赶紧制止梅梅跟她们来往。可是梅梅一改常态，非跟

她们玩不可，并跟妈妈在家闹腾起来。

妈妈不明白梅梅为什么会突然变得如此叛逆，她问，可梅梅就是不说，两个人已经无法沟通了。后来爸爸来找梅梅谈心，梅梅说："我跟那些女孩在一起很轻松，想干什么就干什么。"

"那你在家也可以想干什么就干什么啊。"

"不，我得按照妈妈的想法去做，我自己没有空间，她虽然询问我的意见但从来不采纳，我们是无法沟通的。所以我有心事更愿意跟那些朋友说说。"

爸爸明白了，他告诉梅梅交朋友可以，但是要有选择，不能沾染不良的社会习气。梅梅也明白爸爸的意思，默默地点了点头。

当父母不能与孩子进行很好的沟通时，孩子就愿意去找能够跟他们沟通的人，在这种情况下，孩子可能会接触到各种类型的人，或许其中一些人就会对他们产生不利的影响。所以，作为父母，想要给孩子高质量的陪伴，就要进行高质量的沟通，首先要做的就是给孩子一个发展的空间，使其以一个独立的个体身份与父母交流。父母允许孩子有想法，有选择，有隐私，孩子才能向父母敞开心扉。

第二章

你越焦躁孩子越茫然

很多时候，孩子在成长过程中的很多问题都是父母造成的。父母将原本简单的事情想得很复杂，不知不觉间焦躁烦恼起来，导致孩子也跟着茫然失措、慌乱烦躁。其实很多时候问题都是父母自己造成的，父母静下心来，才能真正明白该如何去教育孩子，如何让孩子健康快乐地成长。

你的严厉对孩子是梦魇

“严师出高徒”是很多严厉式家庭的教育宗旨，父母认为对孩子严厉甚至苛刻，孩子才能每时每刻保持警醒，做事情才不会出错。但这只是父母自以为是的想法，事实上父母的严厉在孩子的心中会有很多种解读，如爸爸妈妈不爱我，爸爸妈妈只是想让我听话……甚至父母的严厉还可能一度成为孩子的梦魇。

大明的爸爸是一个沉默寡言、很严肃的人，他的思想中有着极为严重的长幼尊卑观念，认为父命如天，不得反抗。所以自大明出生以来，爸爸就一直在塑造自己的高高在上、一身威严的形象，他很少跟大明谈心，每天只是专注于教育他成长。

在家里，没有爸爸的允许，大明是不能看电视的，因为爸爸觉得大明应该花更多的时间去读书。每当课间听到同学们谈论动画片的时候，大明就羡慕不已，对看电视越来越渴望。所以每天放学回到家，大明第一件事就是打开电视，看两眼动画片，然后在爸爸回来前关掉。为了不让爸爸发现，大明每次看动画片时都会竖起一只耳朵听着外面的声音，生怕爸爸突然回来。等真正听到爸爸的脚步声时，内心又非常纠结，一方面对动画片恋恋不舍，另一方面又害怕爸爸的批评，只好万般无奈地关掉电视。有一段时间，大明几乎每天都会经历这样紧张而焦灼的过程。

有一次，大明还没来得及关电视爸爸就进门了。爸爸非常生气，严厉地批评了大明，并且惩罚他一边看着电视一边写作业。大明哪儿还有

写作业的心思？他一会儿看看作业，一会儿看看爸爸，耳朵里全是动画片的声音。他委屈极了。

后来，大明上课时也很难集中注意力，写作业也是一会儿玩玩橡皮，一会儿抠抠桌子，总觉得心里还有什么事情没完成。他内心的焦灼和纠结与日俱增，甚至已经影响到了他的身心健康。

其实爸爸也是爱大明的，只是他没有找到合适的表达爱的方式。孩子还年幼，父母在教育他们的同时，一定要细心呵护他们幼小的心灵。当孩子集中注意力在做一件事情的时候，父母不要轻易去打断，当孩子有什么需求的时候，也不要大声呵斥，否则很可能在孩子心中留下阴影，成为他们一辈子的梦魇。

其实，严厉教育并不一定奏效，相反，它不仅会伤害孩子的心灵健康，还可能让孩子更加逆反。

小丹是一个让人又爱又气的孩子，爱是因为她在家是一个十足的乖乖女，从来不违背爸爸妈妈的意愿，也不做什么过分的事情；气是因为只要爸爸妈妈不在身边，小丹就像完全变了一个人似的，专门做一些让人意想不到的事情，如搞破坏、没礼貌……起初，爸爸妈妈刚发现的时候，觉得小丹的不听话只是意外，可慢慢地他们发现，小丹就是有着“双重性格”。这让他们非常懊恼。每次小丹闯祸回家，爸爸妈妈都将她狠狠批评一顿，有时甚至还动手打她，尽管小丹嘴上说会改，可一旦脱离爸爸妈妈的监管，她又开始变本加厉。

爸爸妈妈不知道小丹为什么会变成这样，不明白为什么一个胆小的孩子竟会如此叛逆。于是他们开始反思自己的教育方法，觉得可能是在家管教小丹太过严厉，以至于她在脱离父母之后感到轻松自在，所以放飞自我，逐渐滋生出叛逆的心理。

后来，爸爸妈妈对小丹的教育方式做了一些调整，逐渐不再那么严厉了，慢慢的小丹的情况好了一些，也变得快乐起来了。

有时候，父母以为的乖孩子并不是真正的乖孩子，他们只是忌惮父母的威严，甚至害怕父母的批评与拳脚，心中胆怯，委曲求全而已。父母是孩子最亲的人，也是最爱孩子的人，何必要逼迫孩子去听话，恐惧父母的严厉呢？教育孩子的方法有很多，父母在培养孩子的时候，要遵其天性，正确引导，该温柔的时候温柔，该严厉的时候严厉，这样孩子才能形成健全的人格和乐观的心态，不会生活在恐惧父母的梦魇中。

你跟孩子的认知不在一个维度

孩子上课经常开小差，不是玩手中的笔，就是向四处张望；孩子写作文的能力太差，只能写一些“太阳像个大火球”之类的句子；孩子学过的知识转眼就忘，即使反复复习，还是无济于事……这些情况，你家的孩子有过吗？相信很多父母的回答都是肯定的，为什么会出现这种情况呢？是不是我们正巧遇到了顽皮的孩子或者是笨孩子呢？当然不是。事实上，这些情况有时并不是孩子故意造成的，而是他们在成长过程中所经历的一个阶段。因为孩子的认知和父母的认知并不在一个维度，他们在抽象思维、记忆力等方面还没有发育完善，所以认知上会有不足，如果父母总是以自己的认知去要求孩子或者不理解孩子，很可能会影响与孩子的交流，不能与其和谐相处。

小兰的妈妈在生活上非常宠爱小兰，只要她喜欢的东西一定会想方设法地满足她。可在学习上，小兰妈妈却始终对孩子爱不起来，每次辅导小兰写作业，家里总是鸡飞狗跳的。原来，小兰记忆很短暂，刚背过的东西转眼就忘记了，妈妈怪她不用心，于是两人闹得很不愉快。

一天，老师布置了背诵课文的家庭作业。小兰一回到家就开始背诵，可背了好久也没有记住，妈妈觉得是小兰不专心，于是一屁股坐在小兰跟前，看着她背。

刚开始的时候，小兰很认真地回想着课文里的内容，一句一句地背着，偶尔会把中间的一两句话丢掉，于是又重新开始背，如此反复，没有一次完整背下来的。过了大约20分钟，小兰突然问道："妈妈，晚上吃什么？"

"你背着课文也能想到吃饭啊？真是服了你了。"妈妈哭笑不得地回答着，"别想吃饭的事情了，赶紧背吧。"

小兰又背了起来，可还是不太理想。妈妈无可奈何地问道："这么短的几句话，你怎么就背不下来呢？"

"妈妈，我也不知道。我根本就不理解。"

"好吧，既然这样，我先给你讲一下意思再背。"说完妈妈就开始给小兰讲。理解意思之后，小兰很快就背会了。妈妈心想：“原来小兰久久背不会是因为不理解，可明明很简单啊！”

事实上，很多父母跟孩子沟通不畅，往往是因为父母从自己的认知角度去看待问题，认为孩子应该会，或者应该记住，于是对孩子寄予很高的期望，提出很高的要求，一旦孩子没有达到自己的期望，就会觉得孩子没有用心，没有全力以赴。父母应该知道，孩子的认知和成人是不同的，他们无法轻而易举地去完成自己不理解的东西，注意力也很难长时间集中，所以学习效率相对较低，思维也不够敏锐。

周末，老师要求同学们写一篇关于水果的作文。冬冬最爱吃草莓，于是就打算写一写草莓。可是，他刚写了两句话就写不下去了。妈妈拿起他的作文本，只见上面写着：“草莓是我最爱吃的水果。它红红的，尖尖的，又酸又甜，可好吃了。”于是，妈妈告诉他：“你可以把草莓描写得生动一些。另外，它的植株、叶子都可以写啊。”

“可是我没见过它的植株和叶子，那该怎么写呢？我不会。”

“既然你没有灵感，我带你采摘草莓去吧，玩的同时多观察。”

“好啊好啊！”

采摘园里，冬冬玩得可起劲儿了，妈妈反复叮嘱他要注意观察。回到家之后，冬冬又开始写：“今天妈妈带我去摘草莓，我非常高兴。草莓长在绿色的植物上面，没成熟的时候是绿色的，成熟之后就变成了红色，酸酸甜甜的，真好吃。”然后又停笔了，这时妈妈也着急了，大声地呵斥道：“你这孩子的脑袋怎么这么死板啊，你可以发挥想象，把草莓描写得更有趣一些啊！”

“可是妈妈，我想不到啊！”

“怎么会想不到呢？你可以把草莓想象成一个穿着鲜红外衣的小仙女啊。”

“哦。”于是冬冬在他的作文里又加了一句话：“成熟之后就变成了红色，就像穿着鲜红色外衣的小仙女，酸酸甜甜的，真好吃。”

妈妈顿时像泄了气的皮球，心想：“天啊，这孩子的写作可怎么办呀！”

妈妈被冬冬气得够呛，但问题其实并不出在冬冬身上，而是出在妈妈身上。父母在教育孩子时，不能根据自己的认知去要求孩子，违背孩子的思维发展规律，这样或许只能事倍功半。事实证明，父母越焦躁，孩子越茫然，大脑一片空白。父母要戒躁，循循善诱，逐渐培养孩子的抽象思维、形象思维，还可以跟孩子做一些有趣的游戏来提升他的记忆力，只要孩子的认知提升了，一切问题也就迎刃而解了。

孩子的心中其实很委屈

很多父母在教育孩子的过程中或许都有过这样的经历：当孩子在做一件事情时，还没等父母说什么，他自己就先哇哇大哭起来，而且并没有害怕、恐惧之类的征兆，这使得父母经常说："我没骂你，也没打你，你哭什么呀？"没有哪个孩子天生是喜欢哭的，他们之所以要哭，是因为心里不舒服，很多时候，他们不是难过，也不是害怕，只是心中蓄积了太多的委屈。那么孩子的委屈从何而来呢？可能很多父母又会觉得不可思议：我们每天好吃好喝地养着他，怎么会委屈呢？其实孩子的委屈大多是因为不被父母理解。

下周一是同学小美的生日，彤彤很想送一个别出心裁的礼物给她。她记得小美曾经说过自己很喜欢放风筝，于是彤彤就想：今天正好是周末，那我就自己扎一个风筝送给她吧，这可比买的有意义多了。说干就干，她拿出自己的零花钱，上街买回了所有做风筝的材料，然后努力回想着外婆给她做风筝的步骤，一步一步地操作着。

自己做风筝的确不是一件简单的事情。彤彤需要固定竹条做框架，还要自己绘制风筝图案，然后进行裁剪、粘贴、绑线等，每一道工序都花费了很长时间。但彤彤的心里是高兴的，她想如果爸爸妈妈看了自己的"杰作"一定也会为她高兴的。

很快，爸爸妈妈下班回来了，当他们推开门的一刹那，简直不敢相信自己的眼睛：屋子里一片狼藉，地上有半截的竹条，还有碎纸片、线

绳、胶水、剪刀什么的，而彤彤还在忙碌着。

“天啊，你在干什么呢？”

“妈妈，我在给同学做生日礼物，你快看！”说完，彤彤拿着自己做的风筝走到妈妈面前。然而妈妈匆匆瞥了一眼说道：“你想送我给你买不就得了，自己做多浪费时间啊，你看看这屋子被你折腾的。”

彤彤一句话没说，哭着就回屋了。只听妈妈对爸爸说：“你看看这孩子，又没骂她，她哭什么呀！”

“人家为了同学情谊付出了很大的努力，你不表扬就算了，还一顿数落，她心里当然委屈了。”

“有什么好委屈的！别管她，一会儿就好了。”妈妈一边收拾屋子一边嘟囔着。

生活中，像彤彤妈妈这样的家长比比皆是，他们并不重视孩子的心理感受，认为他们还小，根本没有那么多情绪，所以随意在孩子面前表达自己不满、焦躁等负面情绪，殊不知这种情绪会在孩子心里产生很大的波澜，他们要么大闹一场，要么默默把情绪装在心中，逐渐转变成各种委屈。所以在孩子面前，父母是需要适当收敛一下不良情绪的，然后从孩子的视角去审视问题，这样就会让孩子少一些委屈。

一位阿姨来家里做客，给小刚带了一套磁力拼图，小刚高兴极了，爱不释手。很快，他就打开拼图，回到自己房间研究起来。大约一个小时以后，他兴致勃勃地跑到了客厅，满脸成就感地说道："妈妈，我已经完成了拼图，这可是我一个小时的研究成果呀！你快去看看。"说完，他就拉起妈妈的手向自己的房间走去。

可是他只顾自己开心，根本没注意5岁的妹妹偷偷溜进了他的房间。当他推开房门进去的时候，妹妹正把拼图一块块地抠下来，整个拼图已经面目全非了。小刚瞬间哇哇大哭起来，一边指责妹妹，一边疯狂地乱喊乱叫，还把妹妹的玩具扔在地上泄愤。

看到这样的场景，妈妈并没有第一时间为妹妹的不懂事辩解，她说："宝贝，你费了那么大的力气才把拼图拼好，被妹妹就这样破坏掉了，的确让人很生气，很难过。"

小刚看妈妈没有维护妹妹，而是向着自己，心里稍稍好受了一些，哭声也缓和了。妈妈见状，接着说道："既然已经坏了，那你就再给妈妈示范一次吧，让妈妈也好好学学拼图的本事。"

小刚听了以后，停止了哭泣，说道："好吧！"于是又动手拼了起来。小刚的委屈得到了安抚，慢慢地就从激愤的情绪中脱离了出来。

小刚妈妈是其他父母学习的榜样。试想，如果当时小刚妈妈只是说："妹妹还小不懂事，弄坏了拼图，你再拼一次不就好了？"那小刚的心中一定有一万分的委屈。所以，孩子能够拥有懂自己的父母是一件幸运的事情。遇到问题时，作为父母首先不要焦躁，而是要去体会孩子的心情，尽量去安抚他们，即使孩子做了错事，也要将他们的情绪稳定下来后再讲道理，这样就可以避免孩子因为父母的不问青红皂白而感到委屈的情况。因此，要想使孩子不委屈，父母只需做好三步：理解，安抚，沟通。想要化解孩子心中的委屈，就是如此简单。

规矩太多未必是好事

俗话说，无规矩不成方圆。如果一个孩子在幼年时期没有形成良好的规则意识，会对其未来的发展形成障碍，甚至还会给其他人造成不必要的困扰。规则也是社会公共生活的基本准则，孩子只有明白自己做事情的界限，才能更好地成为一个自律、有责任心的人。为此，很多父母会给孩子立规矩，以此好好教育孩子。然而，有些父母为了让孩子变得更优秀，会给孩子立各种各样的规矩，甚至有些只适用于大人的规矩，也强加于孩子身上。在众多的规矩约束下，孩子很可能会反其道而行之。

晓琳的爸爸是一个喜欢立规矩的人，尤其晓琳还是个女孩，爸爸更加注重规矩，想要把晓琳培养成一个大家闺秀的样子。

在家里，爸爸有很多规定：吃饭不能说话；女孩不能开口哈哈大笑；站有站相、坐有坐相；吃东西必须长辈或客人先动筷子……爸爸要求晓琳严格按照这样的规矩来做。

有一天，家里要来客人，妈妈做了一桌子菜。晓琳放学回家之后，肚子饿得咕咕叫，看见一桌子好吃的更是眼冒金光，于是她请求爸爸，先让自己吃一点儿，可爸爸果断拒绝了，哪怕少拨出来一点儿吃也不行，

就这样，晓琳一直饿到客人来才吃上饭。

类似这样的事情在家里还有很多，在爸爸的长期教育下，晓琳越来越胆小，尤其是在外面的时候，做什么事情总要先看看爸爸妈妈的脸色，自己根本无法独立自主地决定要做什么，不要做什么，因为她害怕违反了爸爸的规矩，挨爸爸的批评。看着她畏首畏尾的样子，妈妈有点儿心疼，可爸爸却并不以为然，他觉得女孩子做事情就该小心翼翼才好。

晓琳在规矩的约束下逐渐失去了自我，影响到了其独立人格的形成，显然成了规矩的牺牲品。孩子是天真活泼、自由快乐的，如果父母非要用太多的规矩去约束，规矩就会成为套在他们身上的枷锁。当然，确实有些孩子在规矩的约束下，学习成绩很优异，生活上也自律出色，但是他们并没有感受到童年应有的快乐，也较难形成乐观开朗的性格。

小贝是一个非常守规矩的孩子，该在什么时间干什么，一件事情先干什么再干什么，对于他来说都是固定好的，因为这些时间规划和办事方法已经潜移默化地成为他要遵守的规矩。

最开始上学的时候，小贝跟其他小朋友一样，回家就扔下书包，跟妈妈撒娇要好吃的，然后看会儿电视，吃过饭之后才开始写作业。可能很多孩子都是这样，但是在小贝爸爸看来，这样的孩子太没规矩了。于是他规定，小贝每天放学回家必须先写作业，什么时候写完，什么时候吃饭；另外，晚上绝对不能看电视，零食也一律不准吃。不仅如此，爸爸还给小贝报了周末辅导班，小贝也欣然接受了。

在大人眼里，小贝俨然一个小大人，经常得到别人的夸奖。尽管他也经常羡慕其他孩子的自由快乐，但最终还是向父母妥协了。就这样，小小年纪的小贝经常会表现出一副老气横秋的样子，他甚至看不惯那些喜欢吃零食的同学，也看不惯那些课余时间只知道玩的同学，因此不愿意跟他们做朋友。

如今的小贝，做什么事情都必须有规矩，不能按照自己的想法随心所欲，有时候看见别人玩游戏、撒娇耍赖，笑得很开心，他就在想：童年的快乐到底是什么样的呢？

父母都希望自己的孩子是健康快乐的，希望他们成为优秀的人，所以父母不应该给孩子设定太多的规矩，以一己之私剥夺孩子自由发展的权利，束缚他们的天性。在一些必要的规矩之外，父母要给孩子绝对自由的成长空间，允许他们做一些孩子可以做的事情，生活中少对孩子说一些“不可以”，多劝自己“他还是个孩子”，那样就可以轻松避免给孩子立太多规矩的念头了。

你的沉稳是孩子的依靠

父母是孩子的第一任老师。当孩子还小的时候，父母是他们最信赖的人，他们要通过父母的言行举止去了解这个世界，所以父母的表现在很大程度上影响着孩子。如果父母做事情畏首畏尾，孩子就会表现出胆怯，没有信心；如果父母做事情沉着稳重，孩子就会表现出踏实，从容淡定，所以，在教育孩子的问题上，父母肩负着重要的使命。如果父母希望孩子将来能够有担当，踏实稳重，就要做好他们坚强的依靠，提高自身的修养，在性格、情绪上不给孩子以负面影响。

最近，班级要选一名小班长，每一个同学都可以参与竞争上岗。竞争的方式就是完成好老师布置的作业——班级规划，然后进行竞争演讲。虽说只是选一个班长，但是竞选丝毫不含糊，大家非常认真地对待，积极准备着。

放学之后，小明回到家，把竞选班长的事情说给了爸爸妈妈听，妈妈给了小明很多意见，他开始仔细地罗列着，一边写一边说，花了很长时间。这时在一边的爸爸不耐烦了："一个小小的班长，用得着这样麻烦吗？你大概弄一弄得了。"

"可是爸爸，我很想当班长的——"

"就你？做事情丢三落四的能当好班长吗？"

"我想我可以的。爸爸，你知道吗——"

"好啦好啦，你觉得行就去做吧。"爸爸打断了小明的话。

听了爸爸的话，小明心想：也是，我也不一定能当上。于是草草结束了自己的规划就睡觉了。

和小明一样，同学小旭放学回家后也在完成老师布置的任务。爸爸告诉他："只要想做的事情就一定要全力以赴，今天一定要把这个规划做好，爸爸陪着你。"

小旭之前没有做过这样的事情，写了一遍觉得不好，又写了一遍，不断地改进和完善。爸爸默默地坐在他的身后陪着他。时间一点点过去，小旭自己都有些懊恼，可当他回头看到爸爸稳稳地坐在那里，好像在默默给他加油一样，于是又坚定了做好规划的决心。

之后，爸爸问他："如果你选上班长了，你能做好吗？"

"我想我可以的。有不懂的地方，你会帮我的，对吗？"

"当然了。"爸爸很爽快地回答着。

后来，果然小旭当上了班长，因为他不仅规划做得好，就连演讲也是沉着稳重，自信满满。

有时候，孩子是父母的一面镜子，从孩子的身上就能看见父母的影子。如果父母没有良好、健全的人格魅力，就会影响孩子待人接物、为人处世的态度，影响他们心中的安全感。

暑假期间，花花的父母因为公司安排需要出差，带着花花不方便，爷爷奶奶又远在乡下，于是就把花花拜托给对门邻居照顾。正好邻居家也有一个年龄相仿的孩子，两个人可以一起玩。

在玩耍的过程中，邻居阿姨发现花花总是很小心，一会儿看看这个，一会儿看看那个，一副心不在焉的样子。邻居阿姨以为花花是因为在别人家做客才这样，于是告诉花花不要拘谨，想玩什么就玩什么，就跟在自己家里一样。

后来，邻居阿姨发现花花并不是拘谨，而是不知道干什么好。有时候她会跟邻居家小孩发脾气，有时候又会安静地坐在那里发呆，总是一副患得患失的样子。于是邻居阿姨走上前去询问，花花说："我在家也不是这样啊，爸爸妈妈心情好的时候，我就可以多玩一会儿，他们心情不好时总是训我，我就要老实点，我可不想挨训。"

花花父母回来以后，邻居很善意地提醒他们，对待孩子的情绪要好一些，如果父母总是忽冷忽热，脾气暴躁，很容易让孩子不知如何是好，越来越缺乏安全感。

父母是孩子的老师，是孩子的依靠。父母沉稳乐观，就能给孩子营造一个良好的家庭氛围，给孩子的性格发展提供给养，从而使他们没有后顾之忧地健康成长。所以，教育孩子并不是让父母每天给他们讲道理、立规矩，而是用自己的言行举止去影响他们。想要孩子变得优秀，有时父母只需修身养性，做好自己就可以了。

焦躁的情绪会传染

情绪也会传染？听上去似乎非常神奇，然而它几乎每天都在我们的生活中上演。当我们快乐时，微笑地面对周围的一切，得到的回应自然也是微笑；当我们懊恼沮丧时，别人也不苟言笑，甚至因你而悲伤，这不就是情绪的传染吗？通常来说，成年人会有自己的思想和理性判断，不容易被他人的情绪所左右。但是孩子还很单纯，他们很容易受到他人的情绪感染，尤其是父母。如果父母总是在孩子面前表现出焦躁的情绪，那么孩子也会变得越来越焦躁，甚至这种情绪还会伴随他的成长。所以，父母在孩子面前要收起不良情绪，让孩子看到乐观开朗的自己。

最近公司业务繁忙，心心爸爸的工作压力大，今天还因为做错一组数据受到了老板的批评，心中更是烦闷不已。

下班回到家，爸爸一屁股坐在沙发上，也不怎么说话。妈妈见状，走上前去问道："发生什么事了吗？"

"没什么，快些做饭吧，我饿了。"爸爸简略地回答着。

"到底发生了什么事嘛？"妈妈有些担心地继续问道。

"跟你说没事就是没事，还老问什么呀？"爸爸不耐烦地说道。

妈妈一转头进了厨房，再也不说话了。过了一会儿，心心在屋里喊道："妈妈，饭菜什么时候做好啊，我饿了。"

"催什么催？做好了自然会叫你的，好好做你的作业就行了！"

心心无缘无故挨了一顿怼，心里很不开心，于是悄悄撕烂了自己的作业本。

这样的情景在心心家隔三岔五地就会上演，以至于最后全家人一个比一个焦躁。只要家中有一人稍不顺心，必定会引起一番吵闹。因为受家庭的影响，心心在学校跟同学也不能友好地相处。

老师几次找心心父母沟通，希望多给心心一些帮助，爸爸妈妈才意识到坏情绪在家中发酵的后果，于是决定从焦躁情绪的怪圈中跳出来，以免影响孩子未来的人生。从那以后，他们尽量不把工作情绪带回家，总是微笑地面对心心，心心觉得自己的家是一个温暖的家，慢慢地，她也变得快乐起来，跟小朋友的摩擦也少了很多。

坏情绪谁都会有，但能做到消化、转移坏情绪，不让它影响别人的人并不是很多。也很少有人会认真思考父母的坏情绪对孩子的伤害到底有多大。然而身为父母，这是一个必须考虑的问题，因为好的性格能够成就孩子绚烂的人生，而坏的情绪则可能严重影响孩子的身心健康。

刚刚的爸爸妈妈经营着一家公司，虽说规模不大，但足够一家人衣食无忧，所以一家人其乐融融。可是最近爸爸的一笔投资失败了，几乎赔进去了整个家当，这让他一下子变得焦躁起来，就连回家也没有个好心情。妈妈几次劝说留得青山在不愁没柴烧，只要自己有信心，就还可以从头再来。爸爸却不耐烦地让妈妈闭嘴。自从公司出了事情之后，爸爸一直都烦躁不安，妈妈哭哭啼啼，以至于刚刚整天茫然无措，不知道自己该说点儿什么做点儿什么，心里莫名地紧张。

后来，刚刚总在课堂上要求上厕所，起初老师以为只是刚刚水喝得太多的缘故，可是每天这样老师不得不注意了。他观察到刚刚看上去总是一副害怕的样子，东瞅瞅西望望，一会儿又要求上厕所。他询问刚刚，可刚刚自己也不知道是怎么回事。于是老师将情况反映给了刚刚的爸爸妈妈。

爸爸妈妈带刚刚去看了医生，医生说没有什么病，可能是心理作用。之后，他们又带刚刚去看心理医生，医生询问、检查之后说刚刚有轻微的焦躁症。这让爸爸妈妈大吃一惊，小小年纪怎么会焦躁呢？医生说可能是受家庭氛围的影响。这句话一下子戳痛了爸爸：没错，最近只顾自己心情不好，完全忽略了孩子的感受，以至于给孩子造成了这样的伤害。

回家的路上，刚刚爸爸懊悔不已，什么都没有孩子重要，他决心用快乐去感染孩子，帮他找回快乐的自己。

父母对孩子的教育有言语上的教育，也有行动上的影响，两方面都应该重视，并双管齐下。在日常生活中，不断加强自己的品格和身心修养，遇事理性一些，不为一些鸡毛蒜皮的小事而发火动怒，凡事多一分耐心，这样就能有效避免出现焦躁的情绪，也就不会传染给孩子了。具体做来，就是“三思而后行”，看看这件事情值不值得伤害自己、伤害孩子，不做一些无谓的消耗，这样就能逐渐变成一个能向孩子传递快乐的好家长。

唠叨是慢性毒药，让孩子受到伤害

说起唠叨，可能人们最先想到的就是女人和妈妈。在很多小学生的作文里，妈妈总是被塑造成一个“唠叨老妈”的形象。很多妈妈并不认为唠叨是一件坏事，至少不是一件严重的坏事，甚至还将“唠叨”解读为苦口婆心的教导、无微不至的关怀。殊不知，唠叨对于孩子来说是一种慢性毒药，正一点一滴地侵蚀着孩子的快乐和耐心，严重影响亲子关系的培养。

芳芳的妈妈非常关心芳芳，但是由于每天下班晚，爸爸只好担负起每天接芳芳放学的任务。可是，妈妈似乎对爸爸并不是很放心，每天总是掐着时间打电话过来询问芳芳的情况。起初，芳芳对妈妈的电话很热情、很兴奋，毕竟这是妈妈对自己的关心和爱。然而时间一长，芳芳就有些不耐烦了，有时候甚至不想再接妈妈的电话，总是嘟囔着：“又是妈妈！”

因为每次打来电话，妈妈都会问些无关紧要的问题，还要问好几遍，换着花样地问，芳芳每天要重复回答很多次。不仅如此，妈妈还关注着芳芳说话的语气，如果她没有及时回答，妈妈就会问是不是出了什么事情，并且不停地追问，如此反复，让芳芳的耐心一点点消失。慢慢地，芳芳不但对妈妈的电话没有了耐心，对妈妈也没有了耐心。以前放学回家，芳芳总是有很多话跟妈妈说，说班里发生的事情，说同学之间的趣事，可是现在，妈妈下班之后，芳芳总是唯恐避之不及。

妈妈很快发现了芳芳的变化，她觉得是爸爸接芳芳放学才导致芳芳与自己疏远的，完全没有想到是自己的问题。直到一次偶然的谈话，芳芳对妈妈敞开了心扉，说她疏远妈妈只是为了不想听妈妈再唠叨，妈妈这才恍然大悟。

后来，妈妈试着改变自己唠叨的毛病，告诫自己不要过分担心。她做的第一步就是不在放学时间给芳芳打电话。慢慢地，芳芳对妈妈的抵触情绪好了一些，母女关系逐渐恢复如前。

事实上，父母的唠叨对孩子的伤害很大。首先，唠叨是一个过度提醒的行为，是对孩子能力的不认可、不信任，这使自尊心强的孩子觉得心里不舒服，从而产生抵触情绪；其次，父母的反复唠叨会让孩子对自己的能力产生怀疑，从而做出错误的自我认识，变得不再自信；最后，唠叨会让孩子心理崩溃，从而激起逆反心理，一发不可收拾。

小雨是一个性格内向的孩子，平日里不怎么喜欢说话，所以在班里要好的同学并不是很多。起初，妈妈并没有在意这件事情，认为孩子不爱说话也不是什么大事，将来会好的。

有一次，小雨妈妈在等小雨放学，无聊时就跟一些家长闲聊起来。聊天中小雨妈妈发现家长们似乎对小雨这个孩子没有什么印象，妈妈的心中有些不是滋味。

从那天以后，每天放学回家妈妈都会给小雨讲一些关于社交的技巧，并且追问小雨有没有跟同学交流，是怎么交流的，有没有什么效果。小雨几乎每天回家都会面对这些问题，这对不爱说话的她来说，简直就是一种折磨。在请求妈妈无数次不要再问之后，她干脆一句话都不说了。可让小雨没想到的是，她越不说话妈妈唠叨得越厉害。终于有一天小雨忍无可忍，跑出了家门，只在桌子上给妈妈留了一张字条：妈妈，我快要被你唠叨死了。

为人父母，无不希望孩子健康快乐，所以父母有则改之无则加勉，一定要杜绝唠叨孩子。可能有些家长会说，道理明白，可是不知道该如何控制自己。其实很简单，第一，要对自己限时管理，管教孩子的话决不重复去说，比如叫孩子吃饭，只喊一遍，没有第二遍、第三遍；第二，要做好自己，给孩子树立榜样，养成言出必行的好习惯，帮助孩子改掉磨蹭、拖拉的毛病。

第三章

你的优秀决定了孩子的未来

我们常讲，通过孩子就可以看到他的家庭，什么样的父母养育什么样的孩子。孩子是否优秀，关键因素在于父母，父母如何去教育孩子，直接决定着孩子的未来。作为父母，一定要端正自己的态度和行为，做孩子的表率，用科学有效的方法教育孩子。

给孩子一个温馨的家庭

说到对孩子的教育，可能每一对父母都有一肚子话要说，孩子健康快乐、成绩优秀是所有父母共同的心愿。综观父母的教育，虽然家庭情况各不相同，教育方式也各有千秋，但优秀的孩子身上都有一个共同点，那就是他们大多有一个温馨的家。

人们常说，家庭是孩子的第一所学校，家庭氛围和父母的言行举止对孩子有着非常重要的影响。一个孩子如果总是被爱包围着，被良好的品德浸润着，耳濡目染，他也会成为一个优秀的人。

瑶瑶的家是一个温馨的三口之家。爸爸妈妈都是普通的工薪阶层，瑶瑶是一个乐观开朗的小姑娘。她的家虽然不富裕，但是爸爸性格温和，妈妈知书达理，两人从来不吵架，家里总是一团和气。

从瑶瑶记事起，爸爸妈妈的脸上始终挂着微笑，即使遇到困难的时候，他们也很少把烦恼写在脸上。在他们的感染下，瑶瑶也长成了一个开朗热情、懂礼爱笑的女孩，认识她的人都夸她乖巧。

为了培养瑶瑶，爸爸妈妈尽心尽力，只要对瑶瑶的成长有好处，他们就会毫不犹豫地支持。

瑶瑶五岁那年，喜欢上了画画，于是妈妈就给瑶瑶报了绘画班。可是几节课下来之后，瑶瑶就有点儿想打退堂鼓了，因为她发现上课并不能随心所欲地画。妈妈知道她的情绪后，给了她很多鼓励，甚至还专门跑到乡下去给瑶瑶拍了很多照片回来，让她看着画。结果那次瑶瑶的作品获奖了，从此，她更有了学习画画的动力，兴趣也越来越大了。

瑶瑶妈妈总说，教育孩子不能光凭嘴说，而是要用实际行动去感染她，努力营造一个温馨的环境让她保持良好的心态，这样她才能对生活有足够高的热情，也自觉地朝着美好的方向发展。

瑶瑶妈妈的教育理念朴实而有效，她明白一个家庭对孩子的重要性，所以和爸爸一起给瑶瑶打造良好的成长环境。然而有很多父母并没有意识到这一点，在家里随意发泄自己的负面情绪，把家里弄得鸡飞狗跳，不得安宁，甚至经常因为孩子的教育问题而争吵不断，从而给孩子带来伤害，逐渐把孩子影响成一个脾气暴躁或性格孤僻的人。

小旭的家是一个“重视教育”的传统家庭。爸爸妈妈觉得孩子想要未来优秀，唯一的出路就是学习。因此，爸爸妈妈狠抓小旭的成绩。虽说在这一点上两人的观点是一致的，但仍会因为一些鸡毛蒜皮的小事而吵架。

一次，小旭想去一个爱国主义基地参观，爸爸答应了。可是妈妈觉得这种参观并不能学到什么，反而浪费半天时间，倒不如在家写作业更实际。为此，爸爸妈妈你一句我一句地开始争论，最后竟然吵了起来。小旭站在一旁左右为难，最后他大声喊道："你们别吵了，我不去了！"说完，哭着跑回了自己的房间。

之后，妈妈安排小旭写作业，可小旭根本没有心情，结果可想而知。看着小旭的错题，妈妈先是一顿批评，然后又指责爸爸，一家人鸡飞狗跳，吵翻了天。

在这样家庭环境的影响下，小旭上课总是无法集中注意力，成绩也没有明显的提升，于是开始参加没完没了的补习班。后来，小旭的性格越来越暴躁，干脆跟爸爸妈妈对着干，完全放弃了学习。

一个家庭的氛围对孩子的影响非常大。父母是否优秀，是否能够很好地经营一个家庭，在很大程度上影响着孩子的性格塑造，以及他对生活的态度、对学习的兴趣，可以说父母影响着孩子的未来。所以当父母心中有负面情绪时，要尽量自我消化，或者通过其他方式转移发泄，而不是把微笑留给别人，把最坏的情绪宣泄在家中。父母要做更好的自己，读书学习，努力工作，热爱生活，积极向上，把最好的状态呈现给身边的亲人，那么整个家就会变得温馨而有爱，孩子自然也就会越来越好，这种教育方式对于孩子来说如细雨润物，最为简单、有效。

你的修养决定了孩子的素质

有人说，“你的修养，就是你孩子的教养”。修养注重的是一个人的后天自我完善，而教养注重的则是一个人的家庭教育。孩子受原生家庭的影响很大，父母是孩子的榜样，父母要想培养出优秀的孩子，首先要完善自己的修养，这样才能更好地去教育孩子。对孩子来说，任何优越的物质条件都比不上给他塑造一个正确的三观。

前年，小兵的奶奶因为腰椎受伤，下肢不能自由活动，瘫痪在床。这对小兵家来说可是一个不小的打击，也给这个原本并不富裕的家庭带来了沉重的负担。爸爸妈妈一边照顾奶奶一边工作，尽最大的努力给奶奶医治。

看着妈妈整日给奶奶擦洗、喂饭、端屎端尿，小兵觉得妈妈很辛苦。一天，他问妈妈：“你整天照顾奶奶麻烦吗？”

“不麻烦呀，人老了都需要人照顾。”

“可是奶奶是爸爸的妈妈，又不是你的妈妈。”

“妈妈和爸爸是一家人，所以奶奶也就是妈妈的妈妈。我照顾她也是应该的。”

“哦，原来是这样啊，那等你老了，我也照顾你。”

“小兵真懂事！”

有了妈妈的夸奖，小兵可高兴了。后来，每当小兵放学回家，他就学着妈妈的样子，给奶奶揉脚、捏腿、读故事，还会帮妈妈做一些力所能及的事情，他说：“这样妈妈就不用那么累了。”

看到小兵小小年纪就懂得关心他人，妈妈的脸上露出了欣慰的笑容。

小兵妈妈没有教育小兵要孝顺，也没有告诉他尽孝是中华民族的传统美德，甚至连黄香温席、戏彩娱亲之类的故事都没有给小兵讲过，但是她用自己的实际行动教会了小兵什么是孝道，在孩子的心中种下了孝心的种子。

相反，有些父母自己缺乏修养，用自私和无礼去教育孩子、包庇孩子，从而使孩子从小缺乏教养，得不到他人的喜爱，长此以往，孩子就会发展成为一个不懂尊重他人，也不受他人尊重的人，很难拥有美好的未来。

两位打扮时髦的妈妈带着各自的孩子去自助餐厅吃饭，她们看上去也就三十出头的样子，孩子也就七八岁。选好座位之后，两位妈妈就去拿吃的，把孩子们留在了座位上。

妈妈们刚离开，两个孩子就站到了座位上，开始大声叫嚷起来，完全不理睬别人异样的眼光。不一会儿妈妈们回来了，可她们并没有告诉孩子们在公共场合不要大喊大叫，而是叫孩子赶紧吃饭。

没一会儿，两个孩子就吃饱了，他们开始拿起桌上的食物对打，还向其他地方乱扔，甚至扔到了隔壁桌上。邻桌的客人好意提醒两位妈妈说：“麻烦您让小朋友安静一些，这里人挺多的，打打闹闹不好。”

谁知其中一位妈妈立刻回答道：“又不是你家，嫌吵别出来吃饭呀。”

“这里是公共场合，再说他们都把吃的扔到我们桌上了。”对方显然有些生气。

“小孩子扔点东西还计较，那么大人了，真是的。”那位妈妈不屑地说道。

“你们这是浪费粮食，知道吗？”

“浪费的又不是你家的，管得真宽。”另一位妈妈也说道。

这时，服务员走来了，告诫她们不能浪费粮食，否则会按比例罚款，两位妈妈赶紧笑着说道：“别，别，别，我们不再扔就是了，他们小孩子不懂事。”

可服务员刚一转身离开，两位妈妈就小声嘀咕道：“才扔了多大一点儿东西就要罚款，就想方设法占顾客便宜……”

之后，她们继续聊天，孩子继续吵闹，就好像周围没有其他人一样，直到吃完饭离开。

可想而知，上面案例中那样的妈妈很难教育出有出息的孩子。孩子在成长过程中，对外界信息的吸收缺乏基本的甄别能力，如果父母给了孩子错误的引导，他们就会觉得世界原本就是这个样子，于是按照父母的言行举止去做。有人说，如果原生家庭是一块土地，那父母就是养料，孩子的素质是种子，最后结出什么样的果实，与土地有关系，与养料也有关系。所以，为了给孩子提供积极正能量的养分，父母应该修身养性，自我完善，给孩子树立好榜样，教育自然也就水到渠成了。

孩子自私，父母要反思

在当今社会，小朋友扶老奶奶过马路、在公交车上给老弱病残让座等向他人伸出援助之手的情景越来越少了，相反，公交车上对老奶奶视若无睹，对需要帮助的人冷眼相看，辱骂老师和同学的情形倒是屡见不鲜。为什么这些本该天真善良的孩子表现得如此自私冷漠呢？作为父母，这是需要反思的。孩子就像一张白纸，是天真的，他学到什么就会记录什么，然后照着去做，因此当孩子表现出种种自私行为时，可能问题的根源就在于父母自己。

周末是可可妈妈的生日，爸爸提议到外面吃一顿，可可妈妈却说在家过才温馨，一家人做一桌子好菜，然后围在一起吃，是一件幸福的事情。于是大家最后一致决定在家里做饭庆贺。在安排菜单的时候，妈妈最先想到的就是儿子可可喜欢吃的鸡翅。

做饭时，爸爸和妈妈在厨房忙碌，可可自己在客厅玩。妈妈把做好的菜一个一个端上桌，然后又回到厨房忙碌最后的大菜。可可看见自己爱吃的可乐鸡翅上桌了，高兴得一蹦三尺高，马上坐到桌前大快朵颐。等爸爸妈妈把最后一个菜端到桌上时，他们愣住了：可可已经吃光了一盘子的鸡翅，其余的菜也都被可可挑拣过了。爸爸有些生气，问道：“你怎么没想着给妈妈留一个鸡翅呢？”

“妈妈又不爱吃，每次做鸡翅她都说自己不爱吃。”

“那你至少也等我们一块儿吃呀！”

“为什么要等？平时我也是饿了就吃的呀。”

“可今天是妈妈的生日，你就没想想吗？”

“有什么可想的？妈妈的生日又不是我的生日，我吃完了还要找同学玩去呢。”

爸爸已经气到无言以对，妈妈强忍着内心的失落对爸爸说道：“算了算了，他还小，让他吃了饭就去玩吧。”爸爸本想再说点什么，可妈妈却阻止了他，示意他坐下来吃饭。

可能可可妈妈这样的人在生活中非常常见，他们把好吃的东西都让给孩子吃，还欺骗孩子说自己不爱吃，所以在孩子的印象中，妈妈是一个挑食的人，什么东西都不爱吃。妈妈以为这是对孩子无私的爱，可悲的是，孩子一时间根本理解不了这种爱，反倒变得越来越自私。

孩子的自私与父母有很直接的关系，过分地溺爱、拒绝孩子的爱、体罚孩子都可能导致孩子形成自私自利的性格。溺爱会使孩子觉得父母甚至他人对自己好是理所应当的，自己就应该被呵护；当孩子想要为父母的付出表达自己的爱时，如果父母总是拒绝，那么孩子自然也就不会再感恩；而经常受体罚的孩子，他们的心灵受到创伤，很容易形成孤僻等不良性格，不仅不会去体谅父母，甚至还会模仿父母的暴力。

星期天，姥姥去看珍珍，她刚进门，就看见家里乱糟糟的，珍珍坐在沙发上一边看电视，一边嗑瓜子，妈妈则忙着整理、打扫。姥姥在珍珍的身边坐下来，看着她一副安闲自在的样子，问道：“乖孙女，你没看见屋子里很乱吗？”

“看见了，妈妈会打扫的。”

“可是你妈妈已经很忙了，你是大姑娘了，怎么不帮帮她呢？”

“妈妈不需要我帮的，每次我想干点什么她总是不让我干。”珍珍说，“我想帮妈妈洗菜，她说我太小了干不了；我想帮妈妈做家务，她说我只负责学习就好了。我觉得这些活妈妈完全能应付得了，姥姥你也跟我一起看电视吧！”

“可是你想过没有，这样你妈妈很累的。”

“都是一些小事，应该没有多累吧？我还小，干不了那么多活，就让妈妈自己干去吧。”

姥姥一时间语塞。她清楚自己的女儿，平日里大包大揽，舍不得让孩子干一点儿活。到头来，孩子不仅没有体会到她的爱，反而变得越来越自私了。

自私是一种不好的品格，它影响孩子未来的人际关系和学业、事业的发展，所以父母一定不能让孩子养成自私的品格，给他们的未来设置“拦路虎”。教育孩子的方式有很多种，但父母不能选择溺爱或体罚来实现。生活中，父母要平等对待孩子，正视他们的成长，适当地让他们独立起来，如独立收拾房间，帮妈妈分担家务，接受并夸奖他们的付出，让他们因为爱人而快乐。当遇到问题时，父母要与孩子冷静地分析讨论，培养孩子坚强乐观的性格。这样，孩子的自私就会慢慢消失。

父母脾气不好，孩子就会暴躁

可能很多父母都会有这样的烦恼：孩子的脾气一天比一天大，稍有一点儿不顺心，他们就大发脾气。面对孩子的暴躁脾气，父母却无所作为，认为孩子脾气大是天生的，或者用“孩子正处于叛逆期，再过一段时间就好了”来安慰自己。殊不知，孩子的脾气虽然有遗传的因素，但是后天的生活环境对其有更大的影响，尤其是父母的影响尤为重要。

通常情况下，父母脾气暴躁，孩子的脾气也会不好，因为他们会认为大喊大叫是最有效的交流方式，暴力相向是解决问题的基本手段。孩子在待人接物方面还没有经验，如果父母总是给孩子展示暴躁的一面，孩子学习到的自然也是暴躁的方式。

课堂上，冬冬一直在搞小动作。老师看见了，说道：“马冬冬同学，上课要注意听讲，老师讲的可是重点知识。”

冬冬没说什么，安静了下来。可刚过了一会儿，冬冬又坐不住了，一会儿东扭扭，一会儿西扭扭，还用手捅前面座位上的同学。老师再次强调：“马冬冬同学，注意听课，不要影响其他同学好吗？”

“老师，我已经知道了，你就别再说了。”

“可是老师说的话你并没有听啊，知道了就要改正。”

老师的话音刚落，冬冬就一屁股坐了下来，气呼呼地撕烂了自己的作业本。老师与其说是生气，倒不如说是被冬冬的行为惊住了，他没想到冬冬小小年纪竟然有这么大脾气。后来，老师通知了冬冬的父母。

冬冬的爸爸妈妈来到老师的办公室，听老师说了冬冬的课堂表现后，冬冬爸爸一把拉过来站在一边的冬冬，照着他的屁股上就是一巴掌：“你这个孩子，谁让你不好好听课的？”

老师见状，赶紧制止了冬冬爸爸，说道：“我叫你们来是想谈谈如何帮冬冬纠正学习态度的，不是让你打他的。你好好跟他讲道理，不要动手。”

跟老师进行了简单的沟通之后，冬冬就和爸爸妈妈离开了，冬冬爸爸一边走一边对冬冬说：“看我回家不收拾你！”

听了这些，老师突然明白冬冬为什么会撕掉作业本了，原来他的暴躁脾气是从爸爸那里学来的。

有时候，孩子的确是父母的一面镜子，孩子身上的问题就是父母身上的问题。当孩子脾气暴躁时，父母就应该审视自己，是不是平时在家里表现的负面情绪太多，或者对孩子的要求太过严苛，以至于他们不能形成良好的性格。一旦父母认清了这一点，想要改正也就相对容易了。

星期天，楠楠一家跟朋友约好了早上去郊游。吃过早饭以后，楠楠一家人就开始收拾东西准备出发。这时，楠楠发现自己最喜欢的挎包不见了，于是她在房间里一顿翻找，可就是没有挎包的影子。她很着急，又到其他地方去找。眼看就要 7 点了，妈妈提醒他说：“要不咱们换一个包吧？”可是楠楠却表示只想背那个包。

爸爸一直在旁边不动声色地看着、等着，后来实在忍不住了，大声地说道：“楠楠，你还想不想去郊游了，非得找那个包不可吗？别找了，马上走。”

“那可是我专门为郊游准备的。”

“那也别找了，赶紧走。”说完，他一把把楠楠拽了过来，推出了家门。楠楠一路生气不已，到了目的地，他不吃不喝不玩，一直耍脾气，整个郊游的愉快心情全部没有了。

爸爸又想教训楠楠，被妈妈制止了，她说：“如果你刚才好好跟他讲，他也不至于生气，当爸爸的就该有个好样子，你着急了，他比你更着急。”

于是爸爸冷静了一下，走到楠楠面前安慰了几句，楠楠的心情这才有所缓和，渐渐地融入玩耍的队伍中。

很明显，楠楠的情绪源自爸爸。试想，如果爸爸能够给他正确的引导，那他还会暴躁地发脾气吗？所以，在孩子的情绪管理中，父母应该充当良师益友，帮助孩子向快乐的心情发展，而不是火上浇油，让孩子更加暴躁。当孩子有情绪时，父母得首先让自己平静下来，避免做错误的示范，然后让孩子平静下来，这样一场吵闹就避免了，如此往复，暴躁的脾气自然就会远离我们。

父母冷漠，孩子也会缺乏爱心

不知道你是否留意过，当面对贫穷、疾病或灾难时，人们会有不同的心理和表现。有的人急切地伸出援手，给予最大的帮助；有的人幸灾乐祸，冷嘲热讽；还有的人态度冷漠，满脸事不关己的不屑。显然，后两者是缺乏爱心的表现。如果身为父母缺乏爱心，那么孩子耳濡目染，也会成为一个冷漠的人。

冷漠是一种不好的性格，是孩子正常社交的绊脚石。如果一个人总是非常冷漠，一般很难交到真心的朋友。我们生活在社会上，不可能孤立生活，所以培养孩子的爱心就相当于在拓宽其未来的发展道路，这是父母义不容辞的责任。

一天，阳阳妈妈在小区里看见了旧衣物捐赠箱，于是赶紧回到家，开始翻箱倒柜地收拾衣服。她把自己平时不穿的衣服一件件找出来叠好，放在一起，然后又去收拾爸爸和阳阳的衣柜。阳阳看见了，以为妈妈在找什么东西，于是问道："妈妈，你把这些旧衣服找出来干什么呢？"

"我打算把咱家的旧衣服都捐赠给山区的人们。"

"捐给他们干什么，他们自己又不是没有衣服。"阳阳一脸不情愿地说道。

"山区贫困，好多人缺衣服穿呢。"

"那跟我们有什么关系？"

"我们都是中国这个大家庭中的一员，他们有困难，我们理所当然要伸出援手，尽自己的微薄之力帮助他们。山区那些与你同龄的小朋友，有的吃不饱穿不暖，多可怜呀。”

“好吧，那就把我的衣服捐给他们一些吧。”

从那以后，每当自己有什么用不着的东西，阳阳就会说：“妈妈，咱们要不要捐给那些有需要的人呢？”不仅如此，她在大街上看见流浪猫狗也会可怜它们，经常给它们送一些吃的东西。人人都夸阳阳有爱心，是个好孩子，阳阳的心里美滋滋的。

阳阳妈妈用自己的行动教会了阳阳要做一个有爱心的人。一个有爱心的人，是受人尊敬和欢迎的。如果我们的孩子能够对他人或社会奉献自己的爱心，那么他也会获得他人的爱心，这对孩子未来的发展大有助益。相反，如果孩子缺乏爱心，那么他们的未来就好像在黑暗中行走。试想，没有光明该有多么可怕！

月月的学校离家比较远，每天放学她都需要坐公交车回家。这天月月和爸爸刚坐了一站路，就上来一位老奶奶，月月一下子想起了老师的教导，于是站起来说道：“老奶奶，您坐我这里吧。”老奶奶道谢之后，就坐了下来。爸爸只好把自己的座位让给了月月。就这样，爸爸站了一路，沉默了一路。

回到家，爸爸对月月说道：“你这个孩子，以后不能那么傻了，你看别人有让座的吗？”

“可是那个老奶奶那么老了。”

“她老跟你有什么关系？现在最不能碰的就是老奶奶，指不定她能做出什么事情来呢。”

虽然月月不知道老奶奶能做出什么事情来，但她明白了爸爸的意思。从那以后，她就不再给别人让座位了。慢慢地，她觉得不让座位也没什么，就算有老人站在自己跟前，她也权当看不见。不仅如此，她还经常同身边的同学说："我爸爸说了，给陌生人献爱心有什么用呢？他们根本就不会记得我们的好，扶老奶奶还反被讹钱呢，所以还是保护好自己最要紧。"

后来，同学们渐渐不喜欢月月了，也不想跟她来往了，大家都说月月是个没有爱心的孩子。月月为此感到非常独孤，常常一个人偷偷地哭泣。看着月月伤心，爸爸丝毫没有认识到是自己教育产生的后果，反而告诉月月一定要远离那些不喜欢她的人。月月心想：那我将来还能有朋友吗？

教育孩子冷漠待人实际上是对孩子的一种伤害，它影响了孩子正确三观的形成，而这对孩子是没有好处的。所以，父母不能做冷漠的人，也不能让自己的孩子做一个冷漠的人。父母要给孩子进行爱的教育，给孩子足够的关爱，但又不能过分宠溺，让他们在有爱的环境中成长，让他们以父母为榜样，关心一切，热爱一切，做一个热情对待生活的人。

你的鼓励是孩子最大的动力

不可否认，现在还有很多父母不懂得赞美和鼓励自己的孩子，在他们心中总是住着一个“别人家的孩子”：“你看隔壁家儿子今天数学又考了一百分！”“你看王阿姨女儿今年居然考上了清华。”“如果你有李叔叔家孩子一半聪明，我也就知足了。”……父母不经意的话深深地刺痛着孩子的心，让他们觉得，在父母的眼里，他们永远不如别人，他们无论怎样都得不到父母的一句赞美和鼓励，于是，他们逐渐变得胆小、怯懦，缺乏自信，甚至失去了前进的动力。

放学铃声响了，强强的心忐忑不安起来，因为今天的数学成绩公布了，他不出所料地考了70分，这个分数已经不是第一次了，他知道等待他的是什么，他不敢回家，怕面对爸爸妈妈，可是又无可奈何。

回到家以后，强强小心翼翼地拿着卷子走到爸爸的面前，开口说道：“爸爸，你千万别生气啊，我的数学又没考好。”要是往常，爸爸一定一把扯过卷子，暴跳如雷地说：“你是怎么考的？考个高分就那么难吗？”这时妈妈也会凑过来，补充说：“唉，这次又没有隔壁孩子考得好。”可是今天，爸爸的心情很好，他看了卷子不仅没有生气，反而语重心长地说：“孩子，以后得加油，好好学一定能考好。”强强半天没有说话，泪水在眼眶中打转，然后哇的一声哭了出来，一边哭一边说：“爸爸，你从来都没有鼓励过我，这是第一次。”妈妈也闻声赶来，看着哭着的强强也没说什么。

从那天以后，强强学习很努力，他想证明爸爸说得没错。每当学习中遇到困难，他也不会像之前那样沮丧，而是想方设法地去解决它。功夫不负有心人，期末考试时强强居然考了 92 分！虽说这个分数在班级中仍算不上优秀，但是对于强强来说，却有着非常重要的意义。

放学后，强强迫不及待地把卷子拿回家给爸爸妈妈看，果然他们没再批评他，而是鼓励他再努力一些，强强也暗自下定决心：下次一定要考个 100 分才好。

没有哪个孩子是不需要鼓励和认可的，父母的鼓励就是莫大的动力。因为对孩子来说，成功没有绝对的定义，只要孩子能不断地挑战自己，战胜自己，就能获得更大的快乐和自信。而父母的鼓励就是帮助孩子建立自信、保持勇气的良药。

丹丹是学校里出了名的淘气鬼，她经常会捉弄同学，虽然爸爸妈妈再三强调不能这样，可丹丹就是不听，她觉得自己对同学们并没有恶意，只是用这种方式跟他们玩而已。可是，慢慢地她发现，同学们都对她避之唯恐不及，甚至干脆不理她了，到最后，她身边居然一个朋友都没有了。她懊恼极了，也失望极了。

爸爸妈妈知道这件事之后，鼓励她去跟同学们承认错误，可丹丹就是不好意思去道歉，她几次试图去尝试，可始终无法说服自己，爸爸鼓励她说："如果你现在连这一个小小的挑战都无法战胜，你将来还会面临更多的困难和挑战，那你该怎么办呢？爸爸相信你可以的。当你害怕的时候，你就默默告诉自己'我要战胜自己'，那样你就不害怕了。"

听了爸爸的话，丹丹真的给同学们道了歉，同学们也原谅了她，又和她快乐地玩耍在一起。自从那次后，丹丹改变了很多，尤其是爸爸的鼓励也让她成长了很多。在之后的日子里，无论在学习上还是在生活上，只要遇到困难，丹丹就会想起这件事，想起爸爸的话，她就觉得浑身充满了力量，敢于去面对困难了。

我们姑且不再赘述鼓励对孩子的影响有多重大。单纯从父母的角度来说，鼓励孩子应该算不上什么难事。我们要给孩子的努力制定一个我们所期望的具有实际意义的标准，当孩子达到标准时，我们就对孩子的成绩表示肯定，如果达不到，就去鼓励他们再接再厉。在对孩子的教育鼓励中，有一点我们绝不可取，那就是永远不满足地给孩子提要求，给孩子树立遥不可及的目标，这样会让孩子看不到希望，尽管我们不断地鼓励，他们也可能找不到前进的动力。所以我们要学会鼓励，因为满意和期望而鼓励。

不懂放手会阻碍孩子成长

在生活中，有很多父母为了不让孩子在成长的道路上遇到任何困难和伤害，对孩子百般呵护，他们以为这是爱孩子的最高境界，殊不知这样做不仅对孩子没有太大的好处，甚至还可能害了孩子。

孩子独立生活的能力能够反映出他独立发展的能力，如果父母将孩子呵护得太好，慢慢地就会使孩子没有了生活自理能力，那父母培养的很可能就是一个“巨婴”。这是任何一个父母都不希望看到的结果。要想避免这种情况的发生，父母能做的就是学会放手，让孩子自己去成长，这样才不会阻碍他前行的道路。

婷婷是家中的独生女，可以说是含着金汤匙出生的。爸爸妈妈把她捧在手心怕摔了，含在嘴里怕化了，生活上照顾得无微不至。

每天早上起床，妈妈都会第一时间给婷婷穿衣服，然后挤好牙膏，让她洗漱。有时候，婷婷自己懒得吃饭，妈妈还会端着碗喂给她吃，就连上学的书包也是妈妈给背着。每当有朋友对妈妈事无巨细的照顾提出异议的时候，妈妈总是说：“我就这一个女儿，一定要像公主一样呵护着。”

暑假期间，学校组织为期 15 天的夏令营，同学们都报名了，婷婷也非常想去，在她的再三恳求下，妈妈终于答应了。然而到了夏令营的目的地以后，婷婷就开始不适应了。早上起来，别人都准备好洗漱了，婷婷还没有穿好衣服。洗漱时，她将牙膏挤得到处都是，急得直哭。看着别人不可思议的眼神，她感觉自己跟别人一点儿都不一样。吃饭时，她是最慢的一个，看到大家吃完饭都在等着她，婷婷羞愧极了。

夏令营结束后回到家，婷婷愁容满面，妈妈关切地问："怎么样，玩得不开心吗？"婷婷哇的一声大哭起来，说道："妈妈，你以后少照顾我点儿好吗？我什么都不会，好像根本就没有长大。"

听了婷婷的话，妈妈也进行了深刻的反省，她认识到，对孩子的爱或许可以用其他的表达方式，这样紧紧地把她护在手中，反而让她变成了生活的低能儿。

在孩子的教育上，父母应该做的是正确引导，而不是事无巨细地包揽、安排。孩子从出生起就是一个完完整整的人，无论是精神、生理、情感等任何方面，他最终都需要独立，因为未来他会在没有父母的陪伴下走很长的路。当孩子尝试着去做什么事情或者做什么决定时，即使违背了父母的意志，那也并不是孩子"不听话"，而是他正在努力成长。所以父母应该懂得放手，哪怕前面会有困难和坎坷。老鹰把幼鹰推出巢穴，就是为了让它能更好地翱翔于蓝天中，父母也应该学习老鹰，放手——为了孩子更快地成长。

晨晨从小在爸爸妈妈的呵护下长大，什么事情都由爸爸妈妈代劳，他只负责开心长大就好。晨晨一点点长大了，爸爸发现他的胆子很小，什么事情都不敢独自去做。爸爸觉得晨晨现在应该有小男子汉的样子了，如果他一直这样下去，未来很可能就会变得唯唯诺诺、一无是处。于是爸爸和妈妈商量后决定尝试着放手，让晨晨开始真正地面对生活。

一天，妈妈做饭没盐了，让爸爸去买，爸爸就把这件事情交给了晨晨。小区门口就有超市，可就算这么短的距离，晨晨还是不敢，他害怕一个人去做事情。看到他这个样子，爸爸更加坚定了让他去买的决心，于是开始不停地鼓励他，最后晨晨终于答应了。

从窗户上看着晨晨的背影，爸爸妈妈既高兴又担心，就好像小鸟第一次飞出巢去觅食一样。晨晨很快就回来了，并且很兴奋地说：“自己出去其实也没那么可怕。”从那以后，晨晨不仅经常给爸爸妈妈帮忙，自己还能独立去做好多事情，变成了真正的小男子汉。

其实，主动放手并没有想象中那么难，可以先从一点一滴的小事开始。在日常生活中，父母可以让孩子适当分担一些力所能及的家务，培养他们独立自主的能力，并鼓励他们自己去做决定，不溺爱、不包办，只要父母能够做到这样，孩子自然就开始真正地成长了，或许哪一天，父母会突然发现原来孩子真的长大了。

第四章

压制永远不是最优的选项

压制孩子,永远是最糟糕的教育方式。很多没有耐心的父母，都喜欢用压制的方法来教育孩子,在这种教育方法的影响下,孩子的天性、快乐、兴趣统统被压制得无影无踪，这对孩子而言是毁灭性的打击。在孩子的教育过程中，压制永远不是最优的选项，毁掉的只能是孩子。

尽量不要用负面词汇跟孩子交流

“你怎么这么笨啊？”“你能不能不要这么懒？”“做事情不要这样拖拉行不行？”“你就这样吧，将来能有什么出息！”……类似的话你曾经对孩子说过吗？你在过足了嘴瘾之后，注意过孩子的变化吗？

我们不难发现，“笨”“懒”“拖拉”这些负面词汇都是对孩子各方面的评价性用语，其具有结果导向，也就是说在这样的语言作用下，孩子就会朝着这些负面词汇发展，最后有可能真的成了这样的人。因为父母经常这样说，孩子就会将思绪聚焦在这个负面的结果上，他们会想：“笨？我可能真的很笨，所以什么都不会。”“懒？我可能真的很懒，所以也不用再去勤快了。”在这种心理状态下，孩子的性格、品行以及能力就逐渐改变了。换句话说，是父母用负面词汇毁掉了孩子。这是多么可怕的一个结果！

贝贝放学了，从他背着书包走进家门的那一刻开始，家里就着弥漫“硝烟”，没错，辅导作业大战马上就要拉开序幕了。

只见贝贝放下书包，掏出了作业本，妈妈马上就说道：“今天快点写啊，不准拖拉！”

“知——道——了！”贝贝拖长声音，懒洋洋地回答道。

过了一会儿，妈妈看见贝贝正在发呆，于是又催道：“你磨蹭什么呢？”

“妈妈，这道题我不会做，你给我讲讲吧。”

于是妈妈停下手中的活，开始给贝贝讲题，可是左讲右讲，贝贝就是听不明白，妈妈气得火冒三丈，大声斥责说：“我怎么就生了你这样一个笨儿子！”

贝贝一脸委屈和茫然，不知道该如何是好，妈妈只好又讲了一遍，可是贝贝早已沉浸在痛苦的情绪中，完全没有听明白妈妈讲的是什么。妈妈再次训斥：“你怎么这么笨呀！”说完用手指点了一下贝贝的脑袋。这下可好，贝贝就好像被摁了开关一样，大声地哭了起来：“我就是笨，行了吧？”说完就坐在一边肆无忌惮地大哭起来。妈妈也气得泪水直打转。

过了好长时间，两人的心情都稍微平复了一些，妈妈又接着给贝贝讲题，贝贝这次总算是听明白了。

贝贝家辅导作业的情景你家曾有过吗？可能有些父母的确误入了用负面词汇教育孩子的歧途。当父母用太过负面的词汇跟孩子交流时，因为潜移默化的作用，孩子会逐渐养成一些不好的习惯，并且随着年龄的增长，父母所灌输的负面情绪就会在孩子心中根深蒂固，想要改变，可谓是就难上加难了。所以父母在与孩子交流时，要注意语言艺术，要用充满正能量的话去表达自己的爱，这样效果就会完全不同。

蕊蕊是一个胆小、心思细腻的孩子，所以生活中父母很照顾她的情绪。上学后，蕊蕊的学习成绩并不是很好，但是，她始终在努力，成绩也在逐步提升，这与她的爸爸妈妈有着密切的关系。

以前写作业时，蕊蕊经常会因为一道难题而哭泣，甚至还抱怨自己太笨了。这时，爸爸妈妈虽然替她着急，却不敢有丝毫责备的话语，因为他们知道，如果这时有什么负面词汇出现，对于蕊蕊而言就是雪上加霜。所以他们安慰她、鼓励她："宝贝，我们相信你可以的！"看着爸爸妈妈笃定的眼神和肯定的语气，蕊蕊就安静下来，继续做题。心中没有了负面情绪，思路反而更清晰了。

在蕊蕊的教育上，爸爸妈妈从来不会用语言去伤害她，反而总是鼓励、表扬她。慢慢地，蕊蕊变得越来越自信，真的变成了一个优秀的孩子。

父母在教育孩子的问题上，大可以向蕊蕊的父母学习，从心里认为自己的孩子是最棒的，目前一切让人不满的地方都只是暂时的。有了这样的思想，父母与孩子交流时，自然就可以告诉自己"我的孩子有爱心，懂礼，应该跟他礼貌地交谈"，"我的孩子勤苦努力，应该给他鼓励和支持"，关于孩子的各个方面均可按照这样的模式来做，这样一来父母就不会用负面词汇影响到孩子了。

命令式语言给孩子无形的压力

生活中，总有一些父母“望子成龙”心切，而忘记了自己作为爸爸、妈妈的角色，像教官对士兵那样用命令的方式与孩子互动，让孩子完全感觉不到亲子关系中的爱。在这种奉行命令式教育的父母眼中，“听话”是衡量孩子品行好坏的一个硬指标，也是管理孩子、让孩子服从的有效手段。的确，命令式教育很多时候能起到立竿见影的效果，但是后患无穷，甚至会毁掉孩子的一生。

经常命令孩子的父母很少会走进孩子的内心，去倾听孩子的想法，也不会平等地与孩子进行交流。当父母用居高临下的姿态对孩子说话时，孩子感受到的是无形的压力而不是父母的爱。久而久之，孩子就会变得越来越没有安全感，不善交流，也无法做到真正的自律。

“如果在古代，你妈妈一定是一代女王，听听人家说话的口气，多么霸气！”这是新宇爸爸经常调侃妈妈的话。没错，在新宇家，妈妈很少心平气和地跟新宇交流，她总觉得，孩子嘛，直接告诉他要怎样做就好了，讲太多深奥的道理他也不明白。

每天早晨妈妈会叫新宇起床，哪怕他只是赖床一分钟，妈妈也会马上就喊：“让你起床没听见吗？”早饭是雷打不动的牛奶和鸡蛋，只要新宇说：“妈妈，我不想吃鸡蛋。”妈妈就一定会说：“不行，吃鸡蛋有营养，快吃吧。”在妈妈这样的管教下，新宇觉得无助极了，他不敢反抗，又不愿接受，感觉很压抑。

因为长时间不被允许有自己的想法，新宇干脆就什么都不想了，一切等着听妈妈的指挥，慢慢地他成了一个不自律的孩子。在家中，新宇还是一个没有安全感的孩子，他什么都不敢干，因为他不知道妈妈同意不同意，做了之后会不会又让妈妈不高兴。

看着新宇唯唯诺诺的样子，爸爸很心疼，他总是劝妈妈要多给孩子一些自己的空间，可妈妈却以新宇听话为傲，觉得只有这样的孩子才能脚踏实地、创造美好的未来。

显然，新宇妈妈的做法对孩子的成长是不利的。身为父母都希望孩子成为一个独立的人，而不是一个思想的奴隶。如果父母总是用命令式的口吻与孩子进行交流，就会逐渐扼杀孩子独立思考的能力，这对孩子来说是一种巨大的伤害。相反，如果父母能够以平等的姿态去对待孩子，对孩子的教育往往会更成功。

一次，琳琳妈妈去朋友家做客。她发现朋友家的小孩简直是个“小话痨”，整个上午都在跟妈妈说这说那。妈妈也会征求一下她的意见，例如茄子是红烧好还是凉拌好，什么时间应该去拜访奶奶等，孩子也会很认真地思考，给出自己的建议。看着她们其乐融融的画面，琳琳妈妈竟然有些莫名的伤感，因为琳琳和自己的关系与朋友家的完全不同。

琳琳很小的时候，每天都跟妈妈聊天说话，可是随着年龄的增长，她的话越来越少了，有时看见妈妈还会躲进屋里，母女关系还不如陌生人。在没来朋友家之前，琳琳妈妈觉得没什么，认为可能是孩子大了有了自己的心思，可是看见朋友家和琳琳年龄相仿的孩子，她才知道自己的亲子关系是有问题的。

朋友好像看出了琳琳妈妈的情绪，于是问道：“怎么了？”

“我女儿从来不会像你女儿那样跟我说话。”

“为什么呢？”

“我也不知道。”

“那你像我一样跟她说话吗？”

“不，我好像没有征求过孩子的意见，也没有跟她商量过什么事情。”

“我知道了，你一定是个‘命令式’的妈妈，唯我独尊的那种。”

琳琳妈妈笑了，似乎明白了什么。回到家以后，妈妈对琳琳说：“我想给你买件衣服，你想要什么样式的？”

琳琳先是一愣，然后弱弱地问：“我能自己挑吗？”

“可以。”

话音刚落，琳琳就一蹦三尺高：“那我想要一件连衣裙。过去您总说连衣裙不方便，从来都不许买的。”

琳琳的话居然让妈妈有些心酸，于是说道：“以后你可以自己挑衣服了。”看着琳琳高兴的样子，妈妈也感到非常开心。

可以说，孩子的成长也是父母的第二次成长。父母只有不断进步才能更好地带领孩子进步。如果父母一味地使用命令式语言，只会伤害孩子，扼杀孩子的成长，这与父母的本心是相背离的。因此，想要培养良好的亲子关系，不给孩子带来教育压力，父母改变一下说话方式或许就很容易实现了。

简单粗暴，教育不出好孩子

有研究表明，现在越来越多的父母会采用“吼”的方式教育孩子，并且认为“吼”孩子是一种再正常不过的教育方式。或许大声呵斥孩子的确能对孩子起到一时的震慑作用，但从长远的效果来看，“吼”绝对不是可取的教育之道。如果父母教育孩子就是简单粗暴地命令和呵斥，孩子很容易出现心理问题，在行动或语言上表现出一定的攻击性。也许有父母会说，吼又不是严重的打骂，不会有什么大的影响。此言差矣。对于孩子来说，吼和打本质上的区别并不大，二者都是对其心灵的暴击，都会给孩子带来巨大的心理创伤。

星期天，志强在家里看电视。这时，妈妈有事要出门，便对他说：“儿子，天气预报说今天下午有雨，一会儿变天了，你记得把院子里晒的衣服收回来啊！”

“嗯。”志强只顾看电视，随便应了一声。

“千万记住啊。”

“好的，妈妈，我知道了。”

然而，志强看电视看得太入迷了，早把妈妈的叮嘱忘得一干二净。等妈妈冒着雨回到家时，看见了全部湿透的衣服和看着电视哈哈大笑的志强，顿时火冒三丈。她气冲冲地走进屋，大声地吼道：“我临走的时候交代你什么了？怎么每次让你干点儿什么都干不好呢？你这样还会有人信任你吗？”志强没有完成妈妈交代的任务，自知不对，但是他心中有一万个说不出的委屈。自己只有这一次忘记了，就被妈妈说成干什么都干不好，甚至还被贴上了不值得信任的标签。为此，志强难过了很久。

后来，只要志强有什么地方做得不好，妈妈就会说“干什么都干不好”之类的话，虽说妈妈只是随便说说而已，但是志强自己渐渐也有了这种错觉，觉得自己干什么都干不好，所以他变得越来越不积极，生怕自己担不起那份责任。后来，老师发现他的情况不太好，不断地给他鼓励，志强的自信才慢慢地有所提升。

有时候父母不经意间简单粗暴的一句话可能就像一把刀子一样插进孩子的心口，把孩子伤得体无完肤。为了避免这种情况，父母在教育孩子时就要设立一定的底线，慎重对待每一句说给孩子的话，以免在他们幼小的心灵上留下永远的伤疤。

聪明的父母懂得压制孩子永远不是最优的选项，所以在孩子的教育上，从来不会将孩子看成是自己的附属品而随意指责、粗暴对待，而是将孩子放在一个平等的位置上，细心引导，使其走向更好的道路。

鹏鹏是一个很贪玩的小朋友，做事情总是不能专心。一天，妈妈有事需要外出一小会儿，于是就留鹏鹏自己在家写作业，鹏鹏也满口答应一定会完成作业。可妈妈前脚刚出门，鹏鹏后脚就扔下笔去玩了。他玩得实在太高兴了，完全没有察觉到妈妈带着朋友回到了家中。

平日里妈妈对鹏鹏比较严格，所以鹏鹏心想：这下可完了，妈妈一定会不高兴的。然而让他没有想到的是，妈妈心平气和地对他说："好了，快去写作业吧。"

晚上，妈妈的朋友走了。妈妈走进鹏鹏的房间，问道："鹏鹏，你觉得自己今天做得对吗？"鹏鹏没有说话。

妈妈接着说："我今天没有当着朋友的面指责你，是想给你留面子，但不表示赞同你的做法。你已经答应我好好写作业了，为什么言而无信呢？你应该对自己的学习负责，而不是让妈妈勒令你去学习，我说得对吗？"鹏鹏羞愧地点了点头。

从那以后，鹏鹏在学习上用心了很多，也不再言而无信了。

试想，如果妈妈进屋看到鹏鹏在玩就一顿批评，然后将他拉进屋里学习，那么鹏鹏的心情会是怎样的呢？他会有之后的变化吗？身为父母，应该学会控制自己的情绪，理性地对待生活中的问题，用最合理的方式解决，而不是让发脾气成为生活中的常态。当父母能够用平和的心态去对待孩子时，孩子才能变得更好，拥有更加阳光的未来。

给孩子发表自己意见的权利

有人说，一个人的独立是从思想独立开始的。所以在家庭教育中，父母应该给孩子充分发言的权利，这样，父母才能从孩子的话语中了解其内心的思想，为其做更好的引导。

事实上，孩子发表自己意见的权利是与生俱来的，从他们懂事开始，他们就可以按照自己的喜好去选择与谁亲近，玩什么玩具，那时，几乎所有的父母都是尊重孩子的。然而随着孩子的长大，很多父母就逐渐抑制了孩子这种自主的权利，这对孩子来说是一种莫大的伤害。

灵灵已经10岁了，她觉得自己已经是个大孩子了。可在妈妈心里，她始终都没有长大，依旧是个“小屁孩”。这让灵灵觉得非常不舒服。

平日里，爸爸和妈妈聊天时，灵灵也很想凑上前去说上几句，可是妈妈从来都不允许。她总说：“大人说话，小屁孩别插嘴。”或者“小屁孩，你懂什么！”这时，灵灵就会满脸委屈地走开。因为每次都是这样，灵灵渐渐地对表达自己的意愿失去了兴趣，即使爸爸妈妈讨论的是关于自己的事情，她也只是侧耳听听，不再参与。

一次语文课上，老师提出了一个问题：“当你走在放学的路上，有个陌生人需要帮助，你会怎样做？”同学们各抒己见，唯有灵灵什么也不说。老师鼓励她说：“没关系，你只说说自己的想法就好。”

可灵灵仍旧沉默不语，老师再次鼓励，灵灵说：“我自己没有想法，通常遇到事情都是妈妈帮我出主意。”

后来，老师向妈妈说明了灵灵的情况，并表示家长应该在家里多让孩子发表意见，这样孩子才能逐渐有自己的思想，遇到问题才能够独立解决。妈妈这才意识到自己的做法对灵灵产生了不好的影响，决定以后凡事多征求孩子的意见。

如果父母总是不给孩子发言的机会，不仅孩子表达能力得不到提高，对他良好人格的形成也会造成影响。不允许孩子发言实际上是对孩子的不尊重。在家庭生活中，孩子拥有与父母同等的权利，也需要平等对待。父母只有尊重孩子，孩子才能从父母的关爱中建立起自信，找到自身的价值，自然也就懂得如何尊重父母、尊重他人。

宝宝的爸爸妈妈是非常开明的父母，在家中，他们和宝宝像朋友一样相处。闲暇时，他们会坐在一起聊天谈心，遇到问题时，爸爸妈妈也会征求宝宝的意见，以至于宝宝小小年纪就有自己的思想，独立性也非常强。

一次，爸爸妈妈有事出门，请奶奶帮忙照顾宝宝。原本奶奶还在为怎样管束小孩而发愁，但事实上她多虑了，宝宝自我管理得非常好。

放学回家，宝宝主动写作业。等奶奶做好饭以后，宝宝马上洗手吃饭。饭后她要休息一会儿，奶奶害怕她贪玩，可她却说：“奶奶，我只休息半个小时，然后就要读一会儿书。”果然，半个小时之后，宝宝主动回到了书桌前。

晚上8点多了，奶奶催促宝宝去睡觉，宝宝又说：“奶奶，我知道时间的，我每天9点准时睡觉，不会玩太久的。”

第二天早上，还没等奶奶叫，宝宝自己就开始穿衣服，洗漱完毕后等着吃饭了。看到宝宝如此自律，奶奶又惊讶又欣慰，说：“我的乖孙女，你真棒！你怎么就把自己管得这么好呢？”

宝宝说：“我平时就是这样的。妈妈说我有权利安排自己的时间，只要我的想法合理，爸爸妈妈就会听我的。”

“原来是这样啊，爸爸妈妈给你自主的权利，倒是给他们省了不少事儿呢！”说完奶奶和宝宝都笑了。

父母允许孩子有自己的想法能够帮助孩子更好地成长。所以，父母应该尊重孩子是独立的个体，给他们充分自主的权利。在一些小事上，父母要让孩子自己拿主意；遇到问题时，也让他们参与发表意见，并且积极鼓励他们去表达自己的思想，这样孩子的责任心就会变得更强，思维也会更加活跃，而这对他们未来的发展是非常有利的。

当你压制不住的时候，孩子已经毁了

在生活中，很多父母认为自己比孩子拥有更大的权利，甚至可以用父母的身份让孩子完全得不到任何权利。这样的想法是不对的。父母不断地压制孩子，原本以为可以让孩子按照自己预设的轨道去发展，成为一个尊重父母、成绩优秀的孩子，实际上却造就了一个没有主见、没有责任感的孩子，或者是一个脾气暴躁且叛逆的孩子。

为什么会出现这样的结果呢？因为孩子有自己的思想。人们常说，不在沉默中爆发，就在沉默中灭亡。当孩子的情绪和思想长时间被压制而得不到释放时，他们可能会越来越没有主见，成为只听父母话的“乖孩子”，也可能自己的思想越来越强烈，从而挣脱父母的管束，彻底放飞自我。

芳芳从前是一个乖孩子。在学校时，同学们打打闹闹地玩，她就安静地坐在座位上，因为妈妈说女孩子应该学会端庄稳重，不允许她大喊大叫地玩。在家里，芳芳只想着写作业，其他什么事情都不想，因为妈妈根本不允许她去做。就算是隔壁的小朋友来找她玩，也得妈妈点头同意她才能出去。在别人眼中，芳芳是听话的好孩子，可只有她自己知道，听话的孩子并不快乐。

后来，芳芳偶然间遇到了一个比自己高一年级的姐姐，她看上去是一个活泼开朗的女孩，跟她说话让芳芳觉得特别有趣。不过那个姐姐不怎么喜欢学习，经常在外面玩。她教给芳芳很多能够偷偷到外面玩并且还不被妈妈发现的“好方法”。一次，芳芳听见外面有小朋友们的欢笑声，羡慕得不行，于是就用了那个姐姐教的方法，跑了出去。有了这一次的“成功”经历之后，芳芳胆子大多了，她发现不听话快乐了很多。她对妈妈的话越来越反感了，即使妈妈说得有道理也不想听了。

看着一天天再也管不住的芳芳,妈妈满脸愁容,心想: 这可怎么办呀?

父母对孩子的压制让孩子体会到的不是快乐，而是痛苦。童年本该是活泼快乐、自由自在的，如果被太多条条框框所约束，就无法体会到这种快乐。人的童年只有一次，人的成长也只有一次，父母不能自以为是地去“对孩子好”，这样很可能会适得其反。有时候，孩子就像一根弹簧，父母就是他们身上的一块重石，如果父母压得太用力，弹簧反弹时就会弹得很高，达到极限时孩子就彻底被毁了。

航航的爸爸妈妈常常用父母的身份来压制他，尤其是在学习方面。在家里，航航几乎没有空闲时间，不是在做卷子就是在看书。爸爸妈妈常说：“天将降大任于斯人也，必先苦其心志，劳其筋骨。”面对爸爸妈妈的压制，航航敢怒却不敢言。

都说爱玩是孩子的天性，可是航航几乎连一点儿玩的机会都没有，面对的永远是做不完的题，听到的永远都是爸爸妈妈的“这不行”“那不行”。航航几次想要反抗，但是又害怕爸爸妈妈生气，只好强忍着，听他们的安排。

一天晚上，航航用了好长时间才做完一套卷子，原本想着可以休息一会儿，甚至奢望能看一会儿动画片。可是妈妈却很严厉地说不行，然后又给他拿来一张卷子。这下航航彻底崩溃了，蓄积在心中的苦闷一下子迸发出来，他大声地哭喊着：“我不做，我真的不想再做了！就算你们骂我、打我，我也不做了！”

妈妈被航航的反应吓了一跳，一时间反倒不知如何是好了。后来还是妈妈妥协了，航航心想：原来不听话也不过如此。后来，航航便不再听话了，随心所欲地做事。爸爸妈妈清楚，如今的航航已经成了断线的风筝，他们已经掌控不了了。后来他们请老师帮忙劝劝航航，并且向航航承诺以后再也不会像从前那样压制他了。

终于，在老师和爸爸妈妈的共同努力下，航航渐渐又爱上学习，做回了一个正常的孩子。

在孩子的教育中，压制可能是最笨的一种方法，也是父母最错误的决策。父母是孩子最亲近的人，应该用爱去引导他们，而不是冷酷无情地去压制。

孩子顶嘴不一定是坏事

很多父母在幼年时期所接受的教育方式是极端权威的，几乎完全听从于父母的话，从来没有悖逆过父母。所以这种教育方式深深地烙在他们心中，并以此来教育自己的孩子。在他们看来，孩子对自己的话唯命是从就是好孩子，相反，孩子为自己争取主动的权利，或者对父母的话提出异议，就是顶嘴，就是坏孩子。

然而，不论父母幼年时接受过怎样的教育，现在都应该与时俱进，学习更好的教育方式，而不是一味地按照旧的观念去教育孩子。父母不能单纯地以成年人的思想去直接判定孩子顶嘴就是不好的行为，就该被教育甚至惩罚。其实，孩子顶嘴是成长的标志。孩子逐渐长大了，独立意识越来越强，当他们认为父母的言行不合理时，就会用所谓的顶嘴来表达自己的看法。

华华的妈妈对华华的教育是非常严格的。无论是学习还是生活，她都希望华华听自己的话，做一个听话的孩子。因为华华的体重有一点儿偏胖，所以妈妈平日里不允许华华喝饮料。

一天早上，妈妈发现餐桌上自己昨晚喝剩下的半瓶饮料变成了空瓶，便叫来华华，说道："我不是说过不让你喝饮料吗？"

"我没喝饮料呀。"

"我昨晚放在桌子上的半瓶饮料没了，难道不是你喝了？"

"饮料没有了就能说是我喝了？"华华有些着急地说着。

“现在家里就咱们两个人，除了你还有谁？我昨晚看饮料还是有的。”

“谁知道你问谁去！”

第一次听到华华用这样的口气说话，妈妈气不打一处来，说道：“学会顶嘴了？长本事了是不？”

华华哭着回了卧室，只留下餐厅里气呼呼的妈妈。

晚上，妈妈和爸爸聊起这件事情，爸爸说：“饮料是我喝了，早上出门刚好口渴了，随手一拿就喝了。”

妈妈这才知道自己冤枉了华华，怪不得华华那么生气地顶嘴呢。后来，妈妈主动去华华的房间道歉，华华的心情才平复了一些。

有时候，与其说是孩子在顶嘴，倒不如说孩子是在为自己申辩。孩子的顶嘴并不是凭空而来的，当父母意识到孩子顶嘴的次数越来越多的时候，也应该进行反思：是不是自己的言行有什么不当之处，引起了孩子的不认同，还是自己在不经意间伤害了孩子，给孩子做了错误的示范。

优优在爸爸妈妈眼中一直是一个乖孩子，他在家从来不大吵大闹，就算有什么不高兴的情绪，转眼就忘记了。最近，爸爸因为工作的原因去了外地，照顾优优的任务就落到了妈妈一个人的身上。妈妈发现，自从爸爸出门以后，优优发生了很大的变化，他居然开始顶嘴了。

一次，妈妈让优优去帮忙买酱油，优优直接说："我不去，妈妈你怎么那么懒呢？"虽然妈妈有些不高兴，可还是说道："快去买吧，等着用呢！"

"神经！"优优甩下这样一句话就出门了。

吃过饭后，妈妈越想越生气，于是问优优："你最近为什么老顶嘴？"

"我没有顶嘴呀！"

"你觉得说妈妈懒、神经合适吗？"

"可是，你最近总是这样说我呀！"

妈妈回想起来，这段时间自己的压力的确很大，可能无意间伤害了优优。于是妈妈先承认了自己的错误，并且告诉优优这样的话是非常没礼貌的，以后即使心里不舒服也不该这样说。看见妈妈的态度，优优也表示自己做得不对，以后不再跟妈妈顶嘴了。

父母要认真地对待孩子的顶嘴，不能以坏习惯一概而论。父母应该尝试去了解孩子的内心，与孩子耐心沟通，并且做到以身作则。如果父母和孩子说话时能够做到像与别人说话时一样平心静气，那么孩子也会愿意好好跟父母说话，而不是用顶嘴的方式来表达自己的想法。

不要培养一味顺从的乖宝宝

鲁迅先生曾说过：驯良之类并不是恶德。但发展下去，对一切事情无不驯良，却绝不是美德，也许简直是没出息。鲁迅认为把听话、顺从作为家庭教育的首要要求，对孩子来说并不是一件好事，它只会培养孩子的“奴”性。很多父母在聊天时常常会说：“这个孩子听话，真好，妈妈让干什么就干什么，一点儿都不用父母操心。”“那个孩子整天只会顶嘴，管起来可真费劲儿。”……然而，只知道一味教育孩子顺从，真的好吗？是否又有人去感受过顺从背后的心情是怎样的呢？

亮亮是妈妈心中的骄傲，因为他不仅学习成绩优异，而且非常听话，是一个人见人夸的小伙子。在培养亮亮上，妈妈付出了很大的心血。她白天上班，晚上守在亮亮身边看他写作业。自己省吃俭用，给亮亮报各种辅导班，为的就是亮亮能够名列前茅，将来能有一个好的未来。

对于妈妈的安排，亮亮一向都是顺从的，因为他知道即使自己有不同的想法，妈妈也不会采纳。在妈妈的世界里，学习是至高无上的，只要是对学习有影响的事情，她决不允许亮亮去做。亮亮喜欢踢足球，可妈妈觉得浪费时间，她说：“足球队里缺你一个又不是不行，你们难道还能踢进国家队不成？有那时间还不如多做几道数学题更实在。”为了听话，亮亮只能忍痛不再踢球了。

在一次班级交流会上，孩子们轮流上台发言，轮到亮亮时，台下的妈妈满心期待，她本以为儿子会说感谢妈妈之类的话，但是亮亮第一句却是“我的妈妈不爱我”。紧接着，他又说道：“她每天会逼着我做一些自己不喜欢的事情，没完没了地让我做题，有时候，我已经很累了，可妈妈却根本看不见……”

后来，妈妈发现了更加严重的问题，亮亮总是自言自语，就好像身边还有另外一个人一样。无奈之下，妈妈带他去看了心理医生。医生说，孩子可能太过压抑了，如果内心真实的想法长时间得不到表达，只是被要求顺从父母的意思，慢慢地，孩子就会沉浸在自己的世界里，出现各种心理问题。

妈妈泪流满面，心中五味杂陈，她这才意识到一味培养顺从的孩子竟然扼杀了孩子的心声，让他成长得如此不快乐。

没错，教育孩子是父母义不容辞的责任。通常来说，听话的孩子会在父母的要求下认真学习、踏实做事，表面上看是一件好事。但是如果我们一味进行“顺从”教育，就可能把孩子培养成没有主见、唯命是从的人，这就有点儿过犹不及了。过分地让孩子顺从会阻碍他们创造力的发展，淹没其个性，对孩子未来的成长危害严重。

灵儿妈妈是一个心地善良的人，她总是希望灵儿能够与人和善，大方有礼貌，所以从灵儿很小的时候，妈妈就教育她要学会分享。一次，妈妈给灵儿买了一个很好玩儿的玩具，在小区玩的时候，被别的小朋友看见了，于是妈妈拿过灵儿手中的玩具递到对方手里，说：“拿着玩吧。”灵儿正要抢回来，妈妈却教育她说：“宝贝，你要学会分享。”

“可是我还没有玩够呢。”

“你先让他玩一下，等他不玩了你再玩也可以，是吧？你要明白，分享是快乐的。”

灵儿拗不过妈妈，噘着嘴跑到了一边，她不想分享，也不快乐。之后妈妈总是这样，后来，灵儿干脆自己喜欢的东西也不去争了。

妈妈要求灵儿顺从听话，不仅在玩的方面，在其他方面也是如此。妈妈带着灵儿去买裙子，总是会征求灵儿的意见：“宝贝，这两条裙子哪条好呢？”

“妈妈，我喜欢粉色的那条。”

“可我觉得绿色的这条质量更好。”

“妈妈，我喜欢粉色的。”

“乖，听话，我们就要绿色的这条吧。”

最后，灵儿只能顺从妈妈的意思。之后，再买衣服，灵儿自己也不挑了，似乎自己也不知道该喜欢什么样的衣服了。

习惯顺从妈妈的灵儿渐渐没了自己的想法，只要遇到事情，她就问妈妈怎么选择，怎么办，由妈妈给自己决定，就连在学校报一个喜欢的运动项目，她也要听妈妈的话。同学们讨论事情，灵儿也从不发言，她说自己没有什么想法。

可见，我们不能一味地对孩子进行顺从教育，要求孩子无条件地听话，这会让他们失去表达自己的意愿，渐渐成为一个没有主见的人。这不是我们教育孩子的根本目的。从无数的现实故事中我们不难发现，很多成大事者，往往有自己对事情独到的见解，所以我们一味强调“乖宝宝”，这种教育方式也许正一点点破坏孩子未来无限发展的可能。

第五章

站在孩子的视角看问题

在与孩子交流的时候，父母试着蹲下身子、弯下腰，会发现一个不一样的孩子的世界。当然，这里所指的并不仅仅是身体上的姿势，而是父母要在心理上站在孩子的视角看问题。站在孩子的视角，父母才能真正了解自己的孩子，知道他们看到了什么，想到了什么，懂得了什么。父母只有在这一前提下教育孩子，才能取得理想的教育效果。

蹲下来与孩子一起欣赏世间万物

著名的教育家陶行知先生曾经说过，人生百年，立于幼学。意思是说孩子得到的教育会影响他的一生。父母想要给孩子好的教育，引导好孩子，最重要的一点就是站在孩子的视角与之交流，而这就需要父母蹲下来与孩子一起欣赏世间万物。

蹲下来看孩子的世界，从表面上看，只是转换了一下视角而已，但实际上，它改变的却是整个亲子关系。父母与孩子的差别不仅仅是身高上的不同，还是心与心之间的距离。当父母蹲下来与孩子交流时，孩子会在心中感受到来自父母的关爱、尊重与平等。

“五一”假期，爸爸妈妈带着元元去了奶奶家。久居城市，来到农村，元元看到什么东西都是新鲜而好奇的。大家忙着在屋里做饭的时候，元元发现了一个蚂蚁窝。蚂蚁们正奋力搬运一个大虫子，他蹲在那里看得出了神。

没一会儿，爸爸叫他吃饭，刚开始，他并没有听见，等爸爸走到他身边，他才察觉到，这时爸爸很大声地说道：“我喊你吃饭，你没有听见吗？走！”说着一把拉起了他，就往屋里走。爸爸这样粗鲁的动作让元元很生气，他觉得爸爸分明就是不分青红皂白地发脾气，于是抽回手，蹲回到了原来的地方。这让爸爸更生气了，站在他身边一顿数落，最后留下他在那里不管了。

过了一会儿，妈妈过来了，说道：“你这孩子怎么这么犟啊，让你

吃饭你偏蹲在这里，故意惹人生气是吗？”元元原本以为妈妈会理解自己，他想告诉妈妈自己在观察蚂蚁，可妈妈的一顿指责让他更生气了，于是哭着说道：“我不吃了。”妈妈一甩手回去了。

后来，奶奶来了，她没有俯视着元元说话，而是蹲在他的身边问道：“孩子，你在干什么呢？”

“奶奶，我在看蚂蚁，准备写一篇观察日记。”

“那也得吃饭呀。”

“我没想着不吃，就是爸爸妈妈太气人了，他们什么都不问就骂我。”

“哦，那这是他们的不对，等会儿奶奶让他们跟你一起来观察蚂蚁，好吗？”

“好。”说完，元元就跟着奶奶到屋里吃饭了。

孩子的快乐何尝不是父母的快乐呢？很多时候父母没有站在孩子的视角看问题，凭着自己的想法就对孩子一顿责骂，自己生气的同时也伤害了孩子。然而当父母蹲下来，从孩子的视角去看问题时，才发现你所看到的、想到的并不一定就是真相。

妈妈给乐乐报了一个网课班，每天在家上网课学习。为了了解孩子的学习情况，妈妈也会跟着乐乐一起坐在电脑旁听课。

网课老师有着很丰富的教学经验，讲得也非常有意思，可妈妈发现乐乐根本就不认真听，一会儿揉揉眼睛，一会儿扭扭头，就好像完全坐不住的感觉。于是妈妈说道："好好听课啊，乐乐，你看老师讲得多好，课件做得也非常美。"

只见乐乐点点头，继续看起来。可是没一会儿，她又开始不安分了，妈妈说道："乐乐，你怎么不听话呢？屁股坐在钉子上了吗？再不好好听，作业都不会写。"

"可是妈妈，我看不清楚。"乐乐委屈地说道。

"怎么就不清楚了？这多清楚呀，你就别给自己不想听课找借口了。"

"我不是找借口，就是看不清楚。"

"我能看清你怎么就看不清了？认真点吧！"

"妈妈，我真的看不清楚。"乐乐再次说道。

看见乐乐如此坚持，妈妈只好坐到乐乐的座位上，稍微低下身子去看电脑。让她没有想到的是，电脑屏幕上面晃动着并不清晰的画面，真的完全看不清楚。妈妈这才明白自己错怪了乐乐，于是赶紧给乐乐压低电脑屏幕，乐乐这才津津有味地看了起来。

很多时候，父母能看到孩子，却看不到孩子看到的东西。亲子关系的不和谐在很大程度上源于父母没能设身处地站在孩子的立场上看问题。孩子的视角与父母的视角是不同的，所以内心的感受也与父母的不同。在教育孩子时，父母一定不能忽略了这个重要的问题。当父母与孩子之间出现意见分歧或者是摩擦时，父母要学会蹲下来看一看、听一听、感受一下，或许就会豁然开朗，彻底地明白孩子的内心世界。当父母与孩子在情感上产生共鸣时，问题也就能迎刃而解。

你认可的并不是孩子心中想的

在教育孩子的过程中，你有没有遇到过“我都是为你好，但是你不领情”的苦恼呢？有没有过“我以为你错了，其实是误会你了”的尴尬呢？在亲子关系中，很多父母是真心想为孩子好，最后却得不到孩子的认同，甚至在无意之间伤害了孩子。为什么会出现这样的情况呢？究其原因是父母不了解孩子，自以为是地去做事情，结果自然就不尽如人意。

生活中，很多父母总是按照自己的想法去为孩子付出，却不知道孩子真正想要的是什么，最终导致南辕北辙，背离了孩子的真实需求。这种亲子关系，像极了《安琪的礼物》——彼此都拿出了最珍贵的东西，却没有达到期望的效果。父母要明白一点：你认可的并不等于孩子所想的。

学校美术社团要搞一次创意作品展，要求同学们别出心裁，展示自己的绘画水平，载体可以是任何东西。兰兰想了很久，决定做一件涂鸦衣服，展示当天自己作为模特穿上时，画面的立体感会更强。

回到家，兰兰很快找到自己的一件白衬衫，这是妈妈前不久刚给她买的，是崭新的，可以用来作画。因为对于画画妈妈一直都很支持，所以兰兰就没有特意告诉妈妈。周末，兰兰用了好大的功夫把作品内容构思好，然后拿出衬衫，将画面内容的大致比例点画出来，有的地方还大致勾出了轮廓。这些基础工作用了很长时间，于是兰兰想休息休息，就出去找小朋友玩了。

妈妈下班回到家，收拾房间时在兰兰屋里看见到了这件白衬衫，顿时气不打一处来，心想：这孩子，画画居然能把衣服涂抹成这样，真是个邋遢孩子！因为生气，妈妈并没有仔细看上面的轮廓，只是赶紧拿到卫生间里洗起来。彩笔画在衣服上太难洗了，妈妈特意用漂白粉泡了一下，费了九牛二虎之力才洗干净，成就感满满地将白衬衫挂在了晾衣架上，心想女儿回来一定会夸她是田螺姑娘。

兰兰回到家想要继续创作的时候，却发现衣服挂在晾衣架上，洁白如新，顿时哇哇大哭起来。妈妈闻声赶来，兰兰一顿责备："你把我的画都洗了——"

"可谁知道那是你的画呢？我以为是你弄脏了的衣服。"

好在时间还来得及，兰兰赶紧又重新画起来，否则非把兰兰急坏了不可。

这件事虽说只是生活中的一个小误会，却充分揭示了父母与孩子之间交流的重要性。有时候父母认为的东西并不是自己所想的那样。所以在亲子关系的培养中，父母的爱不能盲目。有些父母经常会打着“为你好”的旗号理所当然地让孩子做一些事情，不管孩子愿意不愿意，都必须去做，实际上这是父母利用自己的威严在逼迫孩子、伤害孩子。

有一天，佳佳妈妈在收拾房间时，偶然看见了佳佳的作文本，于是就随手翻看了一下，上面有一篇作文竟然是《写给妈妈的一封信》，这个题目一下子吸引了妈妈，她赶紧读了下去。

亲爱的妈妈：

一直以来，您在教育我、培养我的过程中付出了很多的心血，我是知道的，所以我愿意听您的话，做您乖乖的女儿。可是您知道吗？我的心里是不快乐的，因为您认为好的东西并不是我心中所想的，但是我不敢说，我怕您生气。

您认为给我报了那么多辅导班，我应该开心地感谢妈妈的付出，可我想的是，如果不上辅导班，我可以有更多时间做点儿自己喜欢的事情。

您认为每天把我照顾得无微不至是对我最大的爱，可我想的是，如果妈妈给我机会，我愿意变成一个更加独立的人。

您认为胡萝卜有营养，每天必须让我吃一点儿，可我想的是，什么时候不用吃胡萝卜该是多么美好的一件事。

您认为我趴在草地上弄脏了衣服是一个邋遢的孩子，可我想的是，不趴在地上怎么能看见蚂蚁搬动着它眼中的“庞然大物”呢；您认为不让我看电视是对我的眼睛好，我应该明白，可我想的是，妈妈居然又关闭了一扇我了解世界的窗口。

您认为您对我付出了所有的爱，我为什么总是惹您生气，可我想的是，妈妈居然完全看不到我心中的委屈。

……

看着佳佳的作文，妈妈不由得泪流满面，原来自己对佳佳太不了解了，她听话的背后竟是满满的委屈。妈妈默默地合上了作文本，下决心以后一定要多听听佳佳的想法，尽量让她做一个快乐的孩子。

很多时候，父母认为的事情并不是孩子心里的真实想法。父母想要对孩子好，给予他们最好的教育，就应该设身处地地站在孩子的立场上去了解他们真实的想法，好的想法就鼓励和支持，不好的想法就正确引导，加以纠正，这样对孩子的教育才会更有成效。

孩子的委屈源于父母的不理解

“不就是一件小事嘛，你何必暴跳如雷呢？”“不就是说错一句话嘛，你何必号啕大哭呢？”你这样说过自己的孩子吗？是不是常常觉得他们总是小题大做、不可理喻呢？父母在为如何改变孩子这些情况发愁时，有没有想过孩子为什么会这样呢？事实上，孩子有时在意的并不是事情本身，而是父母的反应和态度。当父母对他们的行为或语言不理解时，他们的内心就会充满委屈，在不能清晰表达的情况下，结果就变成了父母眼中的“无理取闹”。

珂珂是一个文静的小姑娘。周末，爸爸妈妈带她到陶艺馆去玩，珂珂花了很长时间精心制作了一个陶艺作品，拿在手中如获至宝。可就在她端详着自己的制作成果时，不小心脚下一滑，好好的一个陶罐就这样摔烂了。珂珂顿时伤心地哭起来。爸爸见状赶紧上前制止：“别哭了，不就是一个陶罐嘛，不值当的。”可是哄了好长时间珂珂还是哭个不停，爸爸有些不耐烦了：“别哭了，你自己走路不小心摔碎了，你怪谁呀？”听了这话，珂珂哭得更加伤心了。

这时妈妈走了过来，安慰道：“陶罐虽然不是什么要紧的东西，可它是你亲手做的对不对？”珂珂点了点头。妈妈继续说道：“妈妈知道你很难过，但是它确实摔碎了，伤心也于事无补啊，妈妈抱抱，不哭了，好吗？”

终于，在妈妈的安慰下珂珂渐渐停止了哭泣。这时，爸爸又说道：“不哭不是挺好嘛！”

“哼，你根本就不懂我，难道你觉得摔碎的是一个陶罐吗？摔碎的是我的心血！”

听了这话，爸爸一下子笑了，说道：“好了，好了，爸爸没理解你，是我不对，那你要不要再费点心血重新做一个？”

珂珂这下高兴了，又开始制作一个新的作品。

很多时候，孩子的情感是不容忽视的。他们的情感很单纯，在父母看来很小的一件事可能在他们心中就是惊天动地的。他们得到一块糖的喜悦丝毫不亚于我们领到了额外的红包奖励；他们没有得到老师夸奖的失落丝毫不亚于我们职场竞选落空。所以父母在教育孩子时，要特别注重孩子的内心世界，利用情感共鸣教育效果可能会更好一些。否则，很可能会给孩子的心灵造成创伤。

洋洋是一个非常淘气的男孩，至少妈妈是这样认为的。最近爸爸出差，妈妈一个人既要上班，又要洗衣做饭做家务，忙得不可开交。这天妈妈下班之后，一回到家就开始收拾，洋洋自己写作业。

不知道过了多久，天色暗了下来，雨点噼里啪啦地落下来，妈妈赶紧到院子里收衣服，转眼间，大雨就来了。可当妈妈回到屋时，发现洋洋不见了，一回头才发现他正在雨中来回跑着，手里捧着装修房子时剩下的沙土。

“这个淘气鬼，大雨天还跑到外面去玩。”妈妈这样想着，于是赶紧喊道：“赶紧回来，你真是淘出新花样了。”

可是洋洋对妈妈的话丝毫没有理会，就好像没听见一样。于是妈妈又继续喊，可洋洋还是没有回来。妈妈气极了，跑出去一把拽住了洋洋，不顾他的挣扎将他拉回了屋里，以至于洋洋手中的沙土也洒落一地。洋洋的衣服湿透了，还撒了一地土，妈妈不由分说地骂了洋洋一顿。洋洋生气得一句话也不说。

雨停了，洋洋赶紧跑到院子里，蹲在一片泥泞中伤心地哭了起来。妈妈走过来，发现洋洋正盯着一个蚂蚁窝，好些蚂蚁都粘在泥土上。洋洋说道："妈妈，你看看，都怪你，要是我给蚂蚁把防水墙做好了，它们会死吗？它们也是有生命的呀！"

原来洋洋是在保护蚂蚁的生命。知道这些之后，妈妈的气顿时消了，原来自己的儿子是一个有爱心的孩子。

在教育孩子时，父母要学会换位思考，当觉得孩子不可理喻的时候，站在他的位置上想一想，看一看他的内心是怎样的，或许就会发现，原来不可理喻的是我们自己。当父母与孩子的情感相互契合、情意相通时，那么引导、教育他相对来说就变得容易多了。

站在孩子的立场去沟通

共情在孩子的教育上是一个非常有效的技巧，它指的是站在孩子的立场上，与孩子建立感情的共鸣，情意相通。然而很多父母常常忽略这个重要的技巧。孩子犯错的时候，很多父母的第一反应是指责孩子，其结果导致孩子的情绪更加激烈，与父母的冲突升级。所以，当孩子有小情绪时，不管是什么样的状况，父母首先要做的是与孩子共情，在此基础上加以引导，孩子才能够真正听得进去，否则孩子会对父母有很大的抵触心理，很难接受任何与他想法不同的意见。

小旭妈妈正在上班，突然接到小旭班主任的电话，说孩子在学校打了同学，妈妈着急了，急忙就赶往学校。

在老师办公室，妈妈一看见低着头的小旭就是一顿指责：“你这孩子，怎么还学会打架了？怎么这么不给我省心啊！”

小旭只顾低着头，一句话也没有，眼泪扑簌簌地掉了下来。妈妈赶紧又说道：“别哭了，到底怎么回事啊？”可小旭就是不说话，脸上还一副气愤的表情。老师因为还有其他课要上，所以也没有介绍太多，只说让小旭妈妈把孩子领回去好好了解一下情况就出去了。

一路上，不管妈妈怎么问，小旭就是不说话，而且妈妈越问哭得越伤心。回到家，妈妈生气得不再理小旭了。这时爸爸走过来，说道：“爸爸知道你打同学是有原因的，可是如果你不说，我们怎么知道你的委屈呢？”

“他说我妈妈不漂亮，我就打他了。”小旭低声地说道。

“你懂得维护妈妈了，是好样的。不过解决问题的方式有很多，但最不能用的就是动手。”

“爸爸，我知道动手不对了，以后我会想其他办法解决问题，不会鲁莽了。”

听了小旭的话，妈妈顿时觉得有些后悔，孩子本就是为了维护妈妈，没想到却被妈妈狠狠地批评一顿，她暗暗在心中想：我以后也不能这样鲁莽了。

小旭之所以对待妈妈和对待爸爸的态度有所不同，就是因为爸爸和妈妈的立场不同。在问题面前，孩子需要有人站在自己的立场上理解自己，哪怕最后同样是为了教育，也会让孩子心里感到舒服，这样孩子才愿意打开心扉与父母沟通。试想，对于一个完全不理解我们，只会埋怨指责我们的人，我们还愿意跟他们交流吗？孩子也是如此。

静静是一个小学三年级的女孩。一次老师布置了一篇作文，写一个最好的朋友，题目自拟。可当静静把作文交给老师后，老师着实吓了一跳，因为静静的作文题目是“我们的爱”。在作文里，静静写了一个跟自己从小玩到大的男孩，他们现在分开了，她每天都很想念他。这篇作文语句通顺，符合题意，但老师觉得思想是有问题的，于是把作文发给了静静的爸爸妈妈。

爸爸妈妈读了静静的作文后，发现其中的确有很多用来形容爱情的词语。他们不知道这些词语静静是从哪里学来的，是否理解这些词语的含义，但是他们又不敢贸然去问静静，以免她觉得尴尬。

一次聊天，爸爸看似不经意地提到了那个男孩，静静立刻就说：“哎呀，真不知道他现在怎么样了，我可想他了。”

看着静静这样大大方方地说出了自己的想念，爸爸和妈妈赶紧旁敲侧击地询问起来，静静也很自然地回答着，他们这才知道一切只是虚惊一场。后来爸爸问起作文中静静所写的词语，她果然不知道那些词语是用来形容爱情的。爸爸妈妈相视而笑，静静不明所以，在一旁也跟着笑了起来。

试想，如果静静的爸爸妈妈看到老师发来的作文时，不问青红皂白，就给静静当头棒喝，那静静必然会觉得委屈，也就不想再跟父母进行交流了。孩子是家庭中的一员，是一个独立的个体，父母必须平等地去对待他们，而不是以父母的身份对他们颐指气使。很多时候，父母与孩子之间相处得不和谐，很大程度上是因为父母没有找到正确的沟通方法。孩子以其独特的思维方式在体验成长，父母只需要站在孩子的立场上去理解他们，学着用孩子的思维方式去思考问题，那么所有的问题就会迎刃而解了。

孩子的眼中全是你

从出生时起，孩子第一眼看到的人是父母，听到的第一句话来自父母，最先认识的也是父母，所以在孩子成长的阶段中，父母对于他们的教育是别人无法替代的。人们常说，身教重于言教。无数的教育实践也告诉我们，对孩子最好的教育往往是父母最好品质的浸润和影响。在与孩子相处的时间里，孩子接触最多的就是父母，所以父母是他们眼中的全部，以至于他们一度以为父母就是这个世界，父母做的都是对的。因此，父母的一言一行都对孩子具有导向作用。

一个天气晴朗的秋日，球球一家去郊外游玩。郊外的景色真美，蓝蓝的天空下，绿草地变成了金黄色，果园里的苹果露出了红红的笑脸，空气中到处弥漫着苹果的香味。

走到一处果园时，妈妈顺手摘了一个苹果递给球球，说道：“给你个新鲜苹果吃！”

“可是妈妈，我们还没有付钱！”

“没事的，这里这么多苹果，给你吃一个而已，即使被人看见也没事。快吃吧！”妈妈回答道。

爸爸白了妈妈一眼，没说什么，球球则满脸疑惑地吃起了苹果。

然而让妈妈没有想到的是，就是这样一个摘苹果的事情，却给球球造成了很不好的影响。一天，球球去同学家玩，回来时竟然带了一颗珍珠，不仅如此，他还向妈妈炫耀：“妈妈，你看这个珍珠好看吗？”

“你从哪儿弄来的？”

“我同学家呀，他们家有一盒子珍珠呢！”

“他给你的？”

“没有，是我自己拿的。”

“那可不行，赶紧给人家送回去。”

“送回去干什么？他家有那么多，我拿一颗没事的。”

“再多也是人家的东西，你不能拿的。”

“可你还不是摘了人家的苹果？”

妈妈顿时语塞，脑海中立刻浮现出了自己摘苹果，球球在一边看着的情景。原来，在孩子的眼中，他的妈妈就这样给他做了一次示范。

妈妈自知当时的做法有些欠考虑，于是主动跟球球承认了错误：“妈妈不应该私自摘人家的苹果，这种行为属于偷窃，很不好，你不要学妈妈这样好吗？妈妈再也不会那样了。”

球球想了一会儿，说道：“好吧，既然这样，我就给同学送回去吧。”

父母在做事情的时候，不能光想着自己，而是要站在孩子的立场上看看自己的行为会给他们带来怎样的影响。

在教育孩子时，父母首先要完善自己，做好榜样，让孩子的眼中全是正能量的东西，只有这样，他才能更好地成长，最终成为对社会有贡献的人。

小帆的妈妈是一名清洁工，每天勤勤恳恳地工作，一丝不苟。她虽身处平凡的岗位，但是觉得劳动不分贵贱，可在儿子小帆面前，她多少还是有些负担的。因为每天下午接孩子放学时，家长们都穿得光鲜亮丽，她怕小帆因为自己而产生自卑感，毕竟孩子懂得还不是太多。因此，每次接小帆之前，她都会脱下工作服，换上自己的衣服。

一天，因为一点儿工作耽误了时间，她来不及换衣服就去接小帆了。来到学校，家长们都在门口等候着，她没有到前面去，想着等孩子们快走得差不多时再上前接小帆，可谁知小帆刚一出校门，四下看了一下，就朝她飞奔而来，嘴里高声地喊着：“妈妈，妈妈……”

“妈妈在这么远你是怎么看见我的？”

“怎么看不见？我一眼就看见你了。”

“哦，妈妈今天没来得及换衣服就来了。”

“没关系，我觉得妈妈穿什么都好看。”

妈妈的眼睛湿润了，孩子是多么单纯，在他心里没有什么身份地位的差别，他所看到的只是妈妈，与其他无关。

父母不能凭自己的想法就认为孩子可能会怎样，而要从孩子的视角去看。孩子的眼里只有父母，那父母就做好自己给他们看。阳光积极、乐观向上、三观良好的孩子在成长过程中很难偏离正确的轨道，会成为一个快乐向上的好孩子。

孩子的想法有时会让你震撼

生活中父母常常会犯这样一个错误，那就是认为孩子什么都不懂，至少对大人的世界不是很懂，因此说话或做事很少会考虑孩子的感受，甚至从来不征询孩子的意见。事实上，孩子在一天天长大，他们已经逐渐有了自己的思想，对生活也有了自己的见解。

作为父母，我们想要更多地了解孩子的内心，与之建立良好的亲子关系，就要以尊重作为彼此相处的前提，并且重视孩子的每一个想法。

从出生开始，洛洛就是家中的宝，一家人把他捧在手心里，围着他团团转。父母更是宠爱他，但凡是洛洛的要求，只要不太过分，基本上都会尽量满足。长期生活在这样的环境中，洛洛逐渐成为一个霸道、以自我为中心的孩子。

随着“二胎”政策的开放，很多人都劝洛洛爸妈再生一个，好让洛洛将来不感受独生子女的孤单。不仅如此，他们还不停地逗洛洛：“生了小弟弟或小妹妹，爸爸妈妈就不要你了怎么办？”“将来有了好吃的一定要分给弟弟妹妹吃哦！”“小弟弟或小妹妹抢你玩具怎么办呢？”这些话虽然让洛洛很伤心，但是他还没有听爸爸妈妈说过一定要生二胎，所以心中即使有波澜也没有爆发出来。

一天，一位朋友来家里做客，和洛洛爸爸妈妈再次谈起二胎的事情。朋友问：“你们决定生二胎了吗？”

“嗯，打算生呀！”妈妈很肯定地回答道。

“你敢生，我就敢死！”一旁的洛洛突然大声地叫了起来，着实把大家吓了一跳。爸爸妈妈一直以为洛洛对于这件事情并不在意，实在没有想到他会说出这么激烈的话。于是爸爸赶紧说道：“小孩子，别瞎说！”

“我没有瞎说，你们生二胎都不问问我同意不同意，我现在告诉你们，我不同意。如果你们真的生了，我就死给你们看。”

这下爸爸妈妈才意识到，一直以来在这件事情上对洛洛的忽视已经伤害了他。从那天以后，爸爸妈妈就开始做洛洛的思想工作，站在他的立场上分析有个弟弟或妹妹的好处，并且表明，不管生多少孩子，他始终都是爸爸妈妈的宝贝。经过一段时间的开导与安慰，洛洛终于想通了，对生弟弟或妹妹不再有抵触情绪。而他的反应也深深地给爸爸妈妈上了一课：任何时候都不能忽略孩子的感受。

孩子对外界的感受很敏锐，心灵也很容易受伤，当他们发现自己没有得到理解或应有的尊重时，内心就会掀起波澜，渐渐变成苦恼与伤害。父母想要好好地教育孩子、陪伴孩子，就要从他们独特的视角出发去看待问题，父母会发现，孩子的世界绝非我们想象的那样，他们的心中蕴藏着父母看不到的难过和美好的情怀。

今天老师布置了一份家庭作业——做一幅贴纸画，回到家后畅畅就做了起来。只见她拿着剪刀不停地剪着，又用胶水黏着。不一会儿，一张白纸上就沾满了大大小小、五颜六色的纸片。这时，畅畅喊妈妈过来，说道："妈妈，你看我做的是什么呀？"妈妈看了一下，只是各种纸片拼凑在一起，根本看不出来是什么图案，于是回答说："看不出来。"

"你再好好看看！"

妈妈又看了一下，还是看不出来。于是畅畅说："你看我粘的像不像钢铁侠机甲呢？这是手臂，这是腿，这是他的机甲……"

在畅畅的一一解说下，妈妈似乎看出了一些眉目，确实有点儿那个意思。

“上次咱们和小胖一起去商场，他看上了那个钢铁侠机甲，可是央求了半天，阿姨也没给他买。他一定非常喜欢那个玩具，我想等我做好了，就把这幅画送给他，他一定会非常开心。”畅畅接着说道。

“天哪，”畅畅的话很让妈妈吃惊，“这都是一年前的事情了，你还记得？”

“当然了，小胖是我的朋友，我希望他快乐。”畅畅高兴地说道。

妈妈顿时觉得，孩子的纯真实在是难能可贵，有时候连大人都忘记的事情，他们却在心中牢牢地记着。妈妈被畅畅心中这份美好的友情深深地感动了。

孩子的想法总是特别的、独一无二的，甚至是令人震撼的。父母想要了解孩子，就要走进他的世界，细细地观察、倾听，才能发现他们的兴趣、爱好与情感，疏解孩子苦恼的东西，赞扬他美好的品质，孩子就会变得越来越好。

高高在上的沟通无法让孩子认同

你是高冷型的父母吗？高冷型的父母就是，当孩子有问题来向你请教时，你端出一副高高在上的姿态跟他说话；当孩子犯错时，你盛气凌人地指责他；当孩子乖乖听话时，你又对他们颐指气使。在现实生活中，有些父母的思想观念非常陈旧，认为父母就该有父母的威严，不容侵犯，在孩子面前就得端着点儿架子。他们以为这样可以让孩子认同自己，对自己言听计从。殊不知，父母越是这样，越难以与孩子沟通，因而也得不到孩子真心的认可。

人们常说“父爱如山”，这确实不假，在李阳家中，爸爸的确像一座山，他魁梧、深沉、不苟言笑，可不就是一座“山”吗？有时候李阳还会跟其他同学开玩笑，戏称爸爸是一座“冰山”。

在家里，表面上，李阳对爸爸的话言听计从，但实际上，他心中有很多自己的想法。一次，李阳看上了一个手办，想要买回家，于是找爸爸商量：“爸爸，我想跟您商量一件事情。”

“说！”爸爸回答。

“我看上一个飞机模型，你能买给我吗？”李阳试探地问道。

“模型？要那玩具有什么用呢？不行！”爸爸直接拒绝了。

“可是，我们几个要好的同学想开一次航空展，唯独我没有。”李阳有些委屈地说道。

“有那时间学会儿习不好吗？买飞机模型纯属浪费钱。”

“爸爸，我选的并不是很贵，只是想跟同学们热闹一下。”

“那也不行。再说了，攀比可不是好现象，你现在还是小学生……”爸爸开始了“老学究”式的长篇大论。

“好了，我不要了。”说完，李阳回到了自己的房间，偷偷地难过了很久。爸爸以为李阳在他的教育下认识到了自己的错误，可没想到的是，李阳实在太喜欢那个手办了，早用自己积攒下来的零花钱买了回来，只是偷偷地没被爸爸发现而已。

姑且不论李阳做法的对错，单从这件事情上，我们就会发现孩子有时候对父母的服从并非真心，他们只是不想再与高高在上的父母沟通，让父母误以为自己的威严起到了重要的作用。殊不知，这样的做法正悄悄地伤害着亲子关系，对孩子也没起到半点作用。只有当父母站在与孩子相同的位置上，平等地进行交流，这时的沟通才是纯粹的心与心的交流。

小亮的爸爸去朋友家做客，刚进门就看见朋友正与儿子做“弹脑瓜儿”游戏。他感到非常惊讶：“孩子怎么能随便去爸爸头上乱弹呢？这样还如何树立父亲的威严，孩子还会听话吗？”当然，这只是他的内心独白，出于礼貌，他并没有说出来。

看到有客人来了，朋友的儿子起身站起来，跟小亮爸爸打过招呼之后就回到了自己房间。后来要留小亮爸爸吃饭，朋友就吩咐儿子去买酒。可是儿子拿过钱之后，并没有马上出门，只是笑嘻嘻地站在那里不动。“剩下的钱你可以支配三块，其余的拿回来，行吗？”朋友好像突然想起了什么似的说道。听到这话，儿子一溜烟儿跑了出去。

“你不怕儿子养成乱花钱的习惯吗？”小亮爸爸问道。

“没事的，小孩子嘛，让他付出劳动就得适当给点儿报酬，否则他心里会不好受的。让他自己买东西还可以顺便锻炼一下他的独立能力。”

“哦，你和你儿子的关系不错！”

“我们就像朋友一样，这小子有什么事情都愿意找我聊！”

“那你不怕哪天父亲的身份压不住他了吗？”

“我压他干吗？我感觉朋友相处的模式更好，交流更顺畅，他不对的地方我给他提意见他很容易就接受了。”

“哦，原来是这样啊！”

回家的路上，小亮爸爸一直回想着去朋友家进门时看到的情景，那是他家从来没有过的。一直以来，他都以父亲自居，小亮在他面前总是谨小慎微，一副胆小怯懦的样子，这与朋友家的儿子谦逊有礼、热情顽皮形成了鲜明的对比。他忽然觉得自己对小亮的管教方式或许真的有问题，以至于自己总不能与孩子亲近，亲子关系极度冷漠。

小亮爸爸的触动很深，他决心要向朋友学习，让家中充满欢乐，而不是整日面红耳赤、鸡飞狗跳。

每一位父母都是爱孩子的，都希望孩子可以成为真正的人才，但是如何让孩子理解这份爱，并健康快乐地成长是一个重要的问题。生活中大量的事实证明，父母站在孩子的角度看问题，与孩子成为朋友，更容易建立良好的亲子关系，孩子的发展也会更好。所以，父母在孩子面前，必要时必须放下身份，与孩子平等交谈，这样会收到意想不到的教育效果。

第六章

用你的智慧呵护孩子成长

呵护孩子成长是父母的本能，让孩子吃饱喝足，这是对父母最基本的要求。然而如何用智慧去呵护孩子成长，却是一门学问，它需要父母认真去研究、学习。如果在教育孩子的过程中，父母经常有种种不明智的做法，这将给孩子造成很不利的影响，甚至影响孩子未来的人生幸福。所以父母要有智慧地、理性而科学地去对待孩子，做到赏罚分明，张弛有度，这样孩子才有更加广阔的生长空间。

奖励与惩罚是门大学问

奖励和惩罚是教育孩子常见的两种手段。只要运用得当，都能培养出优秀的孩子。然而每种方法都有其要领，我们在使用时要注意分寸的拿捏，过犹不及，如果起到反向作用，可能对孩子产生不利的影响，甚至毁掉孩子。

在奖励孩子方面，父母最应该掌握的就是时间。在正确的时间点奖励孩子，孩子会在奖励的作用下不断约束自己，从而让自己变得更好；而在错误的时间点奖励孩子，不仅起不到教育的作用，还会让孩子产生错误的观念，结果适得其反。

周末，小芳妈妈和小婷妈妈各自带着孩子去了超市，相同的是小芳和小婷都得到了布偶娃娃，不同的是小芳欢天喜地地走出超市，小婷则一脸生气地走出超市，这到底是为什么呢？

原来，临进超市前，小芳妈妈叮嘱小芳说："如果你今天不在超市大声喧哗，不乱要东西，好好地跟着妈妈，我最后就会答应你一个合理的请求，怎么样？我说话算话。"小芳很愉快地答应了。而小婷的妈妈什么也没说，就带着小婷进了超市。

路过玩具区的时候，小芳停了下来，想要挑选娃娃，妈妈说："我们先买别的东西，只要你整个过程表现得好，临走时一定买给你。"看着妈妈鼓励而坚定的眼神，小芳答应了，继续跟妈妈去买其他东西。最后，她通过自己的良好表现赢得了布偶娃娃，自然非常高兴。

而小婷在超市是不停地跟妈妈要东西，让妈妈很不高兴。路过玩具区的时候，小婷看上了一个布偶娃娃，让妈妈买。可是正生气的妈妈一口就回绝了，于是小婷生气地甩开妈妈的手，坐在地上不肯挪步，并且大声地哭喊着。看着周围人异样的眼神，为了摆脱这样的窘境，妈妈只好向小婷妥协："好了好了，我给你买这个玩具，你别再耍赖了好吗？"尽管最后买了布偶娃娃，可小婷的心中还是不高兴。

同样是买东西，小芳得到的是奖励，而小婷得到的则是"贿赂"。前者是妈妈的教育手段，后者是妈妈无奈的妥协；前者会让孩子表现得越来越好，后者则会让孩子认为只要自己表现不好，就会得到自己心爱的东西，从而变本加厉。所以，掌握好奖励的方法和时间点至关重要，好的奖励可以促进孩子成长，而错误的奖励则会对孩子起误导作用。

惩罚相对奖励要难以把握一些，因为错误的惩罚很容易伤到孩子，但正确的惩罚会让孩子真正地认识到错误，并且避免再犯。生活中，当孩子犯错时，真正善于利用惩罚教育孩子的父母并不多，大部分父母或过分宠溺孩子，包庇孩子的错误，从而纵容他们继续犯错；或直接打骂孩子，命令其纠正过错，这两种惩罚方式都是不可取的。所以，父母在使用惩罚手段时，一定要格外谨慎，既不能伤到孩子，又要起到教育作用。

放学后，小刚和小明在小区里踢足球，原本场地很开阔，并不会影响到谁，但是他俩突发奇想，要到楼下草坪去踢，结果一下子踢碎了一楼人家的玻璃。当小刚的爸爸接到赔偿通知以后，非常气愤，拉过小刚照着他的屁股就是两脚，嘴里还骂道："让你小子出去惹祸，看你还敢不敢了！"小刚挨了一顿打，爸爸替他赔了玻璃钱。

而小明的爸爸接到赔偿通知以后，并没有大发雷霆，而是问小明："该怎么办呢？玻璃是你踢碎的，你负责吧！"

"可是我没有钱啊，爸爸！"小明无奈地说道。

"那这样吧，这钱我先给你垫上，你用做10天家务来换，怎么样？"

"那也只能这样了。"

就这样，爸爸真的让小明做了10天家务。

最后，小刚好了伤疤忘了疼，早就忘记了那顿打骂，继续到草坪上踢球；而小明实实在在地做了10天家务，累得刻骨铭心，再也不敢去草坪上踢球了。

因此，父母在教育孩子时，应该好好地学一学奖励和惩罚这门学问，让孩子在奖励中得到鼓舞，获得前进的动力；在惩罚中获得经验和教训，丢掉成长中的不良言行，更好地发展。很多时候，奖励和惩罚并不需要很大，它们就蕴含在生活的点点滴滴中，只要父母善于把握和发现，教育孩子就会变得轻松而高效。

让孩子获得参与感

在日常生活中，很多家庭不乏这样的画面：“赶紧起床，妈妈跟李阿姨约好到郊外游玩的，要迟到了！”在妈妈的召唤声中，孩子慢吞吞地起身穿衣服、洗脸刷牙、吃早饭，而妈妈则在一边不停地催促：“快点儿！快点儿！”为什么对于游玩这样的事情孩子会是这样的态度呢？试想，如果郊游这件事情是孩子们之间约好的，需要父母带着去游玩，那着急的是谁呢？答案当然是孩子。为什么组织者的不同会使孩子产生不同的主动性呢？其原因就是参与感。

参与感能够激发人的主动性，当孩子心中有参与感的时候，他就会愿意去做这件事情，以此来体现自己的价值。亲子关系的培养也是如此，必须让孩子有参与感，亲子关系才会更加融洽。

慧慧是家中的独生女，爸爸妈妈格外宠溺她。她的生活起居全部由爸爸妈妈一手包办，可以说是衣来伸手、饭来张口，家中的大事小情爸爸妈妈也从来不让慧慧参与，妈妈常说：“你只要健康快乐长大就好了。”然而慧慧并不是很快乐。

一次，老师布置家庭作业：和爸爸妈妈一起做一件手工，然后带到学校展示。回到家之后，爸爸妈妈商量做什么好，完全没有征求慧慧的意见。慧慧擅长画画，于是建议画一幅绘画作品，可是爸爸妈妈并不擅长于此，便对她说：“你去玩吧，爸爸妈妈给你做一个漂亮的手工就好了。”最后爸爸妈妈选择了他们擅长的竹编。

在爸爸妈妈编制的过程中，慧慧拿起竹条，也想参与进来，可是妈妈却说："宝贝，小心竹条划伤你的手，别弄了。"

"没关系的妈妈，我可以。"

"你快去玩吧，我们一定给你做得很漂亮。去吧，去吧。"在妈妈的催促下，慧慧只好离开了。

第二天到了学校，同学们都高兴地拿出自己的作品，互相点评炫耀着，"看，这是我做的。""这一部分是我独自完成的。"……看着大家开心的样子，慧慧却始终高兴不起来。因为她的作品她根本就没有动手，丝毫成就感都没有。最后，因为慧慧的作品很完美，所以老师给她颁发了小奖状。

回到家后，爸爸妈妈看见奖状很高兴："慧慧，你得奖了呀！"

"不，我没有得奖，得奖的是你们。"说完，慧慧就回到了自己的房间。爸爸妈妈看出了慧慧的不开心，答应以后多让她动动手，让她的心里得到满足。

获得参与感可以让孩子进一步获得自我价值。然而有时候，父母往往会忽略孩子的感受和重要性，认为他们只是孩子，没有必要劳心费力，只需按照父母计划好的道路去走就行。但是在孩子眼中，他不能理解父母呵护的苦心，只是认为这件事情与他的关系不大。教育孩子成长怎么能与孩子没有关系呢？于是父母就会常常发出"皇上不急太监急"的感慨，殊不知这是父母的教育方式出了问题。

有一个大学生到偏远的地区支教。那里贫困落后，很多人对学习知识认识不足，所以很多小孩子都没有上学。后来，由于大学生的到来以及政府的鼓励支持，孩子们才愿意走进学校，开始读书。然而因为不习惯上学的约束，很多小孩经常旷课。

为了改变这一状况，大学生决定亲自去找他们。找到那些旷课玩耍的孩子后，大学生问他们为什么不去上学，其中的一个孩子说道：“你教你的，我们上不上学也不影响你呀。”这句话让大学生非常震惊：原来在孩子们心中，上学根本就不是自己的事情，而是老师的事情。

回到学校以后，大学生给每个学生都安排了职务，让他们都当了“官儿”：有的负责收作业，有的负责管纪律，有的负责管卫生，总之人人都有事情需要做。虽然孩子们在外面“疯”惯了，但责任心还是有的。当了“官儿”就要负责，如果纪律组长旷课，那纪律就没人维持了；卫生组长旷课，卫生就没人管理。他们觉得自己无可替代。

从那以后，孩子们再也不旷课了，他们都惦记着自己那点小小的责任。

这就是参与感的作用。学校教育如此，家庭教育亦如此。当孩子在家中总是得不到发言权，或者建议总是不被采纳，他参与不到家庭的事情中来时，渐渐地就会对家庭事宜失去兴趣，自己也会失去应有的自信。这对孩子的发展是不利的。身为父母，应该积极鼓励孩子参与到家庭中来，一是培养孩子的积极性和思维发展能力，二是加强亲子关系，以便与孩子进行更好的沟通。当孩子有了参与感之后，父母会发现，孩子比我们想象的要聪明得多、灵活得多、积极得多。

面对“小霸王”，绝对不能硬碰硬

如今，很多父母对孩子都极为宠爱，舍不得管束，对其提出的要求尽可能满足，于是就培养出了十足的家庭“小霸王”。他们蛮横无理，油盐不进，很难管教，成了父母的教育难题。

对孩子的过分宠溺，表面上是对孩子的爱，实际上却是在伤害孩子。首先，它会导致孩子的自我价值感知错位；其次，孩子在未来的生活中遇到问题时容易冲动、焦虑，从而形成消极情绪；最后，孩子可能无法正常与他人相处，错失学习社会生存技能的时机。因此教育改造“小霸王”是每一个父母都必须重视的问题。

超超是家中的“小霸王”，无人敢惹，因此，爷爷常打趣他说：“咱们家超超是属螃蟹的，在家是横着走的。”因为家人的宠溺，超超成了一个蛮横无理、吝啬、霸道的孩子。

一天，爸爸的朋友带着孩子来做客，爸爸拿出超超的玩具给朋友的孩子玩。超超看到以后，一下子把所有的玩具都抢了回来，还冲着爸爸吼道："谁让你动我玩具的？"爸爸无奈而尴尬地冲朋友笑了一下，最后只跟超超要了一件玩具给朋友家的孩子玩，好在超超勉为其难地答应了。

朋友的孩子非常喜欢那件玩具，因此朋友临走时超超爸爸很大方地说："既然你喜欢就拿回去玩吧！"这下超超可不干了，大声喊道："那是我的玩具，不许拿走！"说完一把抢了回来。超超的无礼让爸爸很没面子，于是生气地说："你的玩具也是我买的，我今天非要送人不可。"超超听了不依不饶，把自己的玩具全摔在了地上，号啕大哭起来。最后，朋友带着孩子走了，并没有带走超超的玩具，可超超还是哭闹不止。爸爸忍无可忍，打了超超一顿。最后还是妈妈当和事佬，才把这件事情平息下去。后来又有过几次，超超还是这样，爸爸的棍棒教育完全没有起到任何作用。

后来，妈妈专门跟别人学了改造"小霸王"的方法，慢慢地与超超沟通，给他讲道理，这才使超超逐渐变得温顺了一些，不似从前那么霸道了。

以暴制暴绝不是教育"小霸王"的好方法，不仅不能解决问题，还会让孩子学会暴力，从而变得更加不可理喻。试想，当我们情绪正激动时，有人比我们还激动地跟我们唱反调，我们容易接纳他的意见吗？小孩子也是如此，当他们情绪正激烈时，任何说教都是无效的。"小霸王"不是一朝一夕形成的，所以在教育上父母要极富耐心，认真分析孩子情绪爆发的原因，从而有针对性地进行安慰和引导，这样孩子才会逐渐纠正自己的性格缺陷，朝着好的方向发展。

小杰的父母工作非常忙，经常没有时间陪伴小杰，内心中感到对孩子有所亏欠，所以他们一有时间就会带小杰去买他喜欢的东西。在这种补偿心理的作用下，他们允许小杰随意索取，逐渐把小杰培养成了一个只要提出要求就必须满足的孩子。每次小杰看上什么东西，就会对爸爸妈妈软磨硬泡，撒娇打滚，直到自己的愿望实现。他这样不分场合地胡闹，也让爸爸妈妈逐渐意识到问题的严重性。

后来，小杰在班里也变得蛮不讲理，只要看见自己喜欢的东西，就要抢到手，或者回家百般缠着爸爸妈妈买，根本不管这些东西是不是有用。看着小杰的这些表现，妈妈觉得如果再不加以教育引导，好好的孩子可能真的就毁了。于是，她下定决心要把小杰的毛病一一改掉。

一天，小杰看上了一款上千元的玩具，要求妈妈给自己买。妈妈告诉他这已经远超了小学生的消费范围，不能再买了。小杰听了之后，立刻躺在地上打起滚儿来，嘴里还高声地叫嚣着：“你今天不给我买，我就躺在这里不起来了！”妈妈无奈之下只好把他强抱回家。

到家之后，妈妈十分耐心地同小杰说："你现在情绪很激动，妈妈跟你说话你一定听不进去，等你冷静下来，咱们再谈吧。"说完回了自己房间。小杰在家里又闹腾半天，看没人理会，渐渐就消停一些了。这时妈妈又走过来安慰他："妈妈知道你很想要那个玩具，但你现在还是小学生，还没有挣钱的能力，什么时候花自己的钱买来才会真正高兴，对吧？"

经过妈妈的一番耐心劝导，小杰终于说道："好吧，那我暂时就不买了。"

妈妈赶紧夸奖说："小杰真懂事，一说就明白了。"

从那以后，妈妈总是尝试着好好与小杰沟通，好言相劝，竟屡试不爽。她这才发现，教育"小霸王"不能蛮干，得智取才行。

如果孩子自私蛮横、乱发脾气、不尊重他人，父母不必与他们唇枪舌剑、冷眼相对，更不必以暴制暴、大打出手，而要启动智慧的大脑，分析原因，寻找突破口，与孩子耐心地沟通，逐渐去引导他们，改变他们。

孩子其实很简单，拐个弯他就跟你走

很多人总是愿意把孩子分成两类：乖巧的和顽劣的。但无论哪一类都不是孩子天生的，绝大多数是父母教育的结果。每一个孩子都很单纯，他们就如同一张白纸，父母如何教育，孩子就如何去成长。

如果父母简单粗暴地对孩子、命令孩子，那么孩子可能就会变成一个性情暴躁、调皮顽劣，或者沉默寡言、性格懦弱的孩子；如果父母对孩子循循善诱、耐心引导，孩子就会变成一个知书达理、乖巧懂事的孩子。没有哪个孩子是不好教育的，有时候父母觉得这种教育方式不好进行时，或许拐个弯孩子就跟着你走了。

马肖是一个性格有点儿倔强，脾气有点儿大的小孩，所以在家经常不听爸爸妈妈的话。眼看他就要上小学了，爸爸妈妈很担心他跟同学们相处不好，融入不到集体中去，于是就想改改他的小脾气，让他更加积极、随和一些。爸爸妈妈经常为如何教育他而苦恼。

一天，妈妈的同事来家里做客，妈妈忙着做饭，这时楼下有快递需要去拿，爸爸不在家，妈妈只好让马肖去一趟。于是她说道："儿子，楼下有妈妈的一个快递，你去帮我拿一下！"马肖正津津有味地看着电视，很果断地说："妈妈，你自己去拿吧，我看电视呢。"

"可妈妈腾不开手，你快去吧！"

"我不去！"他的小倔脾气上来了。

这时，妈妈的同事说道："马肖，我听你妈妈说，你在家可是个勤快的孩子，经常帮妈妈干活的。"

"也没有经常啦！"马肖有些不好意思地笑了。

"你现在是小伙子了，跑得一定比妈妈快，拿快递的速度也远超过她，你说呢？"

"那当然！好吧，我去拿快递吧！"说完，马肖一溜烟儿跑下楼了。

妈妈很奇怪同事是如何说动马肖的，因为在家里一般没人能治得了他那小倔脾气。同事说："小孩子其实很简单，你只要拐个弯跟他说话，他就会听你的了。"

"看来跟孩子说话也是需要讲究艺术的，以后，我得换种方式跟他交流了。"妈妈有所顿悟地说道。

在教育孩子时，很多时候夸赞要比命令更奏效，小孩子思想单纯，喜欢听对自己有利的话，不喜欢被命令和支配。如果父母在与他们相处的过程中，以父母的身份去压制他们做一些事情，或者用他们不愿意接受的方式说话，他们就会放弃与父母沟通。

考试成绩一直是学生们最在意的问题，也一直是家长们关注的焦点。马上临近期中考试了，很多家长开始在家里积极地给孩子辅导功课，让孩子多做练习题，希望能够在考试中大放光彩。

云云放学回家后，妈妈拿出一套卷子对她说："云云，一会儿把这套卷子做一下吧！"

"我上学已经很累了，不想做。"

"不想做你能考过同学夏琳吗？比人家笨还不知道努力。"

"反正我也比她笨了，干脆就这样好了。"

“不行，这套卷子你今天必须做，还管不了你了！”

“我就不做！”云云一边哭一边跑回了房间，怎么叫都不肯出来。

云云的同学丽丽回到家，妈妈也准备了卷子想让她做。妈妈心里清楚，如果直接让她做卷子，她肯定不乐意，于是妈妈就说：“丽丽，你们马上就要期中考试了吧？你对自己有什么期望吗？”

“我希望自己比之前更进步！”

“那你想没想过得第一名呢？”

“第一名总是夏琳，我恐怕很难考过她。”

“你不努力试试怎么就知道考不过呢？我觉得只要你多加练习说不定就能超过她了。”

“真的可以吗？”

“多加练习总是有好处的，即使超不过她，那知识点也更加巩固了，学习基础也越来越扎实了。”

“嗯，妈妈说得没错，那我就多练练吧。”

之后，妈妈给她拿来了那套卷子，丽丽认真地做了起来。

同样的事情，不同的表达方式，结果迥然不同。这就是说话的智慧。所以，当孩子在成长过程中出现问题时，父母不能冲动，不能按照自己的习惯去说话做事，那样很可能会得不到孩子的理解和认可。父母应让自己保持冷静，认真反省自己的教育方式：为什么孩子会越来越叛逆，越来越不听话？是不是我们没有给到他们愿意接受的方法？分析出原因之后，再巧妙地引导孩子，婉转地教育他们，效果会更理想。所以，掌握孩子的心理，用他们喜欢的方式去表达父母的关心与爱，这样就能够让孩子更好地发展。

跟孩子较劲儿你就输了

在孩子的教育上，你是不是这样类型的人：对孩子的教育非常严苛，几乎要求他们唯命是从，一旦孩子有不听话的表现，就跟孩子拼命较劲儿，直到孩子认输？事实上，这样的父母非常多见，他们的控制欲非常强，认为孩子只有听父母的话才有更好的未来，因此，只有当孩子跟自己低头认错时，他们才能变得晴空万里。但他们不知道，这样的教育方式赢了孩子的现在，却输掉了孩子的将来，甚至两败俱伤。

通常情况下，喜欢跟孩子较劲儿的父母跟孩子的关系都不是很好。当父母太过强势，不允许孩子有自己的想法时，孩子会在高压环境下逐渐放弃自己的思想，认为父母说什么都对，即使有不同的意见也不敢提出，从而养成懦弱的性格。

李阿姨是个性格和善的人，对待别人总是笑容满面，但唯独对自己的孩子非常严苛，就好像完全变了个人似的。李阿姨的丈夫是一个非常老实憨厚的人，甘心做一个普通的打工族，这让李阿姨非常生气。为了能够扬眉吐气，改变生活，她把所有的希望和精力都寄托在儿子身上，所以对孩子的管教格外严格。

一次，在回家路上，李阿姨的儿子看见公园里有人玩蹦床，就想去玩一会儿，可是天阴沉沉的，似乎快要下雨了。于是李阿姨说：“今天不行，要下雨了，改天有时间再来玩吧。”可是儿子特别想玩，眼睛一直盯着蹦床，不肯挪动脚步，央求妈妈说：“妈妈，我只玩一会儿，行吗？”

“不行，就要下雨了，你有这会儿时间还是回家看会儿书吧。”

儿子一听更气恼了，死活不肯走。李阿姨也生气了，大声说道：“好，今天就让你玩个够。”说完拉着他向蹦床走去。

刚玩了一小会儿，天就下起了小雨。这时，儿子说：“妈妈，下雨了，咱们回家吧。”

“你不是想玩吗？玩吧。”

“可是下雨了，不玩了。”

“我刚才跟你说要下雨了，你偏不听妈妈的话，现在知道不对了吗？”

“我只是想玩一会儿。”

“那你就冒着雨玩吧。”

“妈妈，回吧。”

就这样，李阿姨和儿子大概僵持了几分钟。这时，旁边一个避雨的奶奶劝说道：“快带着孩子回去吧，这雨天就别跟孩子较劲儿了。”

后来，还是孩子承认了错误，李阿姨才带着他回家。结果因为淋雨儿子也感冒了。李阿姨心里默默后悔，真不该跟孩子较劲儿置气。

有的孩子脾气特别倔，父母越是压制，他反弹得越严重。如果这时父母还是一味地与其较劲儿，孩子不仅不会顺从父母的意思，还可能与父母教育的初衷相背离，想法越来越偏激，甚至叛逆到肆无忌惮。

如今，手机已经成了人手必备的通信工具，在家庭中也非常普遍，所以孩子很容易就能接触到手机。

自从用手机上过网课之后，高阳就觉得手机是个好东西，过去他只知道手机可以用来打电话、发微信，现在才知道上面有太多好玩的东西了。手机不仅可以看视频，还能用来打游戏，于是高阳开始沉迷手机，尤其是手机游戏。只要爸爸妈妈一回家，高阳就抱着手机不离手。

看着他手机瘾越来越大，爸爸觉得该好好管管他了，于是就下令他再也不能玩手机了。这对一个已经玩手机成瘾的孩子来说，不亚于晴天霹雳。高阳很难接受，于是开始跟爸爸闹腾。妈妈跟爸爸说："你这样突然不让他碰手机，他的情绪太激烈了，我觉得这个事情可以慢慢来。"

"不用慢慢来，我要的就是快刀斩乱麻的效果。"爸爸很干脆地说道。

高阳每天在家里又哭又闹，可爸爸丝毫不理会。后来在妈妈的调解下，高阳同意每天只看 20 分钟手机，并且保证不打游戏，只看一些动画片之类的东西。可爸爸说："这件事情没商量，别说是 20 分钟，就是两分钟也不行，你就让他想也不要想了。"

后来，高阳不再要手机了，放学回家就直接钻到自己屋里，也不再跟家人交流了。爸爸以为是自己的执着打败了高阳，心中还暗暗高兴。但让他没想到的是，高阳不哭不闹是因为他发现了另一种好玩的东西——网游，只要一有时间，他就会偷偷地溜进网吧，有时甚至哄骗老师，偷偷旷课上网。

这下妈妈可着急了，看着网瘾一天比一天大、一天比一天叛逆的儿子，妈妈抱怨爸爸说："你非得跟他较劲儿，慢慢教育他不好吗？现在好了，孩子已经毁了，你说怎么办呢？"

高阳爸爸因为心中的执念而跟孩子较劲儿，结果把孩子逼得更加叛逆，更加离谱，这就是失败的教育。所以在与孩子的较量中，父母应该学会适当妥协，对孩子管控太紧未必是件好事，孩子没有了自我成长的空间，就不会朝着好的方向发展。孩子的理解力和父母认为的理解力是不同的，当父母态度强硬，想要在孩子心中树立起高大伟岸的形象时，孩子感到的是父母的冷漠、不好交流。所以，每位父母要在尊重孩子意见的前提下面对孩子，父母去教育他们，而不是拼死较劲儿，最后伤了孩子，自己也难过。

顺着孩子的思路会有不一样的发现

生活中，管控型的父母认为只要顺着孩子就会惯坏孩子，所以但凡孩子提出的要求、建议，一律不重视或者不接受，一心只按自己的想法来，除非孩子的思路正好与自己的相契合。这样的父母显然是不了解孩子，也不愿意深入了解孩子的人。

孩子的想法很天真。有时候，顺着他们的思路，父母反而会有不一样的发现。父母经历了生活的打磨，想法已经被各种条条框框所束缚和影响，可孩子是单纯的，他们看到的、想到的，大部分都是新奇而美好的，顺着他们的思路走，父母或许会找到教育、引导他们更好的方法。

萱萱妈妈是一个业余绘画爱好者，只要有空闲时间，她就会在家作画。有时候女儿萱萱也会在旁欣赏。

一天，妈妈要画一幅参赛作品，构思了好久才决定画一幅风景画。上周末他们一家刚刚去郊游，那美丽的画面已经深深地刻印在她心里。她画了山，画了河，画了农田，又画了田埂上的大树和落叶。忽然，站在一边的萱萱说道："妈妈，我感觉你画得不对，上次我看到的树和落叶不是这个样子的。"

"那是什么样子呀？"

"我也不知道，反正每一片叶子都是不一样的。"

萱萱的话似乎一下子点醒了妈妈。顺着萱萱的思路，妈妈再一次去了郊外，专门去看看大树和落叶。原来，秋天的大树并非全部都是金黄色，落叶有的全黄，有的半黄半绿，有的一部分黄、一部分枯萎，还有的边缘已经残缺。妈妈回头看看自己的作品，虽然树叶的形状略有不同，但看颜色上的差异并没有变化，虽然亮丽，但让人觉得死板。

于是妈妈按照萱萱的这个思路加以修改。没想到这幅画竟让她获得了优秀奖，评审团的点评就是：大树灵动真实，尽显大自然的秋季美。

孩子的心思总是细腻的，观察也非常独到。很多时候，父母顺着他们的思路走，反而能够发现不一样的美好。对于孩子来说，顺着他们的思路去引导和教育，他们的主动性和积极性也会更强。当孩子有想法时，父母要适当地给予支持和认可，那样孩子就会在自己的思维领域寻找到美好的东西，并且因此而快乐。

甜甜很不开心地回到家，妈妈追问了好久，她才吞吞吐吐地说在学校和同学美美吵架了。原来，课间时大家在一起玩踢毽子比赛，美美输了，心中很不服气，于是就当着同学的面，说甜甜是“丑八怪”。甜甜听了非常生气，就跟美美吵了起来，最后两人赌气地互不理睬。

妈妈知道了情况以后，劝甜甜说：“美美是因为输了比赛一时情急才那样说你的，你别跟她计较了。”

“不，她当着大家那样说我，显然是不尊重我，我不想理她。”

看见甜甜还在生气，妈妈只好随她去了，并没有极力劝说她要大度，要与同学友爱，更没有要求她主动去跟美美和好。

过了一段时间，一天放学，甜甜和美美在路上遇到了，甜甜没有说话，美美主动走过来道歉："甜甜，对不起，我那天不该那样说你，我们和好吧。"

"好吧，其实我早就不生你气了，只是觉得你应该认识到自己的错误，以免以后再不尊重别人。"

说完，两个人手拉手地向前走去。甜甜妈妈这才理解了甜甜，原来她心中什么都清楚，早已不再为那件事情耿耿于怀，她不去主动和好只是不想助长美美的坏习惯。同时，妈妈也庆幸自己始终顺着孩子的意思，没有劝她主动和好，否则，她很有可能会慢慢变成一个没有耐心的孩子。

随着年龄的增长，孩子逐渐有了自己的思想，父母应该尝试着去了解他们的内心，顺着他们的思路去看看他们想要的到底是什么，如果是充满正能量的，是美好的，那父母就要顺应其发展，而不必费心费力，使劲儿把他们拉到父母设定的轨迹上来，让教育变得困难重重。在教育孩子的过程中，读懂孩子很重要，父母参不透的时候，不妨顺着孩子的思路去看看，说不定会发现很多精彩。

聪明的父母应学会将计就计

淘气的孩子总是会给父母制造各种难题，考验父母如何去应对。这时，将计就计就是一种超强的教育智慧。父母与其挖空心思跟孩子反着来，激起他们强烈的反抗情绪，倒不如顺水推舟，不动声色地应变，这样反而会使难题更容易化解。

将计就计要求父母能够了解孩子的心态，知道他们想要什么，想达到怎样的目的，所以父母要与孩子站在一起，就如陶行知先生所说："我们必须会变成小孩子，才配做小孩子的先生。"

妈妈正在家中睡午觉，突然哗啦一声响动把她惊醒了，妈妈跑出卧室一看，客厅里的镜子碎了，原来是小儿子小东在客厅踢足球，把镜子踢碎了。看着小东瑟瑟发抖的样子，妈妈顿时生不起气来了。

"谁踢碎玻璃的？"妈妈问道。

"妈妈，是我踢碎的。对不起，我以后不在家里踢球了。"旁边的大儿子小刚主动承担责任。

其实从两个孩子的表现上，妈妈已经看出来球是小东踢的，只是哥哥怕弟弟挨揍，所以自己主动承担责任。

看着哥哥如此爱护自己的弟弟，妈妈心里非常欣慰，但小儿子不敢承担责任的行为也让她有些失望，她决定教育教育小儿子。

妈妈对小刚说道：“没事，儿子，只要你没受伤就行了。你能够主动承担自己的错误，妈妈很高兴，你是个诚实的好孩子。”

见哥哥没有挨骂，还被妈妈夸奖，小东忙跑过来说：“妈妈、妈妈，球是我踢的，不是哥哥踢的，小东也是诚实的孩子。”

看小东能够过来主动承认错误，妈妈笑着说：“你们俩都是妈妈的好儿子。走，妈妈请你们出去喝饮料。”

对孩子的教育方法有很多，有时候顺着孩子反而会起到好的教育效果。试想，妈妈出来之后对孩子们一顿训斥，并且直接指明是小东在说谎，那么小东很可能内心就不会产生愧疚，也不会勇敢承认自己的错误。但妈妈的宽容让他更轻松，使他反而能够面对真实的自己。

最近一段时间，文文的学习压力很大。在学校要上课，回家还要面对无休止的试题，他的情绪越来越坏了。他觉得爸爸妈妈根本就不爱自己，一心只想让他考高分来给自己争面子。他越这样想，心里就越不舒服，所以经常莫名其妙地发脾气。起初爸爸妈妈并没有太在意，只是像往常一样督促他学习。

一天，文文在学校因为几道题不会而心生闷气，回到家爸爸又递给他一套新买的试卷，这对文文来说无疑是雪上加霜，于是他的小宇宙爆发了。趁着爸爸妈妈出门买菜的工夫，他跑到父母的卧室，剪破了爸爸的睡衣。

爸爸回家后，看到睡衣时瞬间明白了是怎么回事。他没想到文文居然心情坏到了如此地步，但他并没有发火，反而很认真地把睡衣穿在身上。而且从那以后，只要在家，他就穿着那身剪破的睡衣走来走去。而这身睡衣在文文眼里，就好像随时在提醒他自己犯的错误一样，让他坐立不安。

后来，文文终于鼓起勇气向爸爸承认了错误，爸爸也趁机跟文文好好地交流了一番，这还是父子俩第一次彼此说自己的心里话。文文明白了爸爸妈妈的苦心，爸爸也明白了文文的不快乐。最后他们商定：课外作业适当做一些，不能不做，也不能过分做。有了这样的约定，文文轻松了不少，也快乐了不少，学习兴趣也慢慢提高了。

作为父母，面对孩子的错误时，大可不必直接批评，甚至狂风暴雨般地责骂，有时候，要给他们认识自己错误的空间。这种自我反省，有时候远比直截了当的教育有效得多。父母的宗旨是好好地引导孩子、教育孩子，既然如此，何不运用智慧去实现呢?

第七章

坦然面对孩子的不完美

俗话说“人无完人”，我们成人尚且如此，何况一个孩子呢？面对孩子，不要过度苛责，要允许孩子犯错，要接纳孩子的不完美，在这样的教育环境下孩子才能健康地成长。如果一味地苛责孩子，孩子每天在责难中生活，就会逐渐丧失自信心，最终成为胆小怯懦的人。接受孩子的不完美，帮助孩子改正自己的缺点，孩子才能变得越来越好。

善于发现孩子的优点

美国著名的教育学家拿破仑·希尔曾经表示过，每个孩子都有许多优点，而父母恰恰总是盯着孩子的缺点，认为管好孩子的缺点，才能让孩子更好地成长。其实，这样做就像蹩脚的工匠，是不可能造出完美的器物的。

正如他所说，很多父母看到的总是孩子的缺点，只要提到孩子，就牢骚满腹，抱怨连天，把孩子说得一无是处。

父母不看重孩子的优点对孩子的成长极为不利。皮格马利翁效应告诉我们，孩子的行为会受到家长的心理暗示作用：当父母认为他很差、一无是处的时候，他就真的会变得很差；当父母认为他很优秀时，他就会拥有让自己变得更好的力量。所以父母要善于发现孩子的优点，给他们积极的心理暗示，这样他们才会朝着父母期望的样子发展。

彤彤的爸爸是一个完美主义者，在孩子的教育问题上也是如此，他总希望彤彤凡事能够做到完美，所以对她的教育十分严苛。

彤彤喜欢画画。一天家里来了客人，大家知道彤彤画画很好，就让她现场给大家展示一下，彤彤很听话地画了起来。很快，她就画好了一幅山水画，然后拿给客人们看。大家啧啧称赞，夸彤彤有天赋，彤彤心里可高兴了。这时，爸爸接过画，认真地说："彤彤，这幅画有很多败笔。

你看，山的着色并不匀称，河流的线条也不够流畅……”在爸爸的一番品评下，彤彤脸上的笑容越来越少，最后失望地回到了自己的房间。

爸爸每次都是这样，总在彤彤高兴的时候说一些煞风景的话。

“爸爸，我这次模拟考试得了99分！”

“你总是要丢那么1分，什么时候才能考个100分？”

“爸爸，周末我想去参加一个合唱聚会。”

“你唱歌不行，去了也没啥意义。”

“爸爸，我们今天去看孤寡老人了，帮她打扫屋子、洗衣服，干了好多活呢。”

“你洗衣服总是洗不干净，正好锻炼锻炼。”

……

在爸爸一次次的话语打击下，彤彤觉得自己什么都干不好，慢慢地，干什么都不积极了。这下爸爸更加着急了，每天不停地在她耳边数落，这让彤彤苦恼极了，心想：我怎么就是这样一个一无是处的孩子呢？后来，彤彤越来越沉默寡言，完全没有了之前的阳光快乐。

其实，像彤彤爸爸这类父母对孩子的爱并不少，他们只是想把孩子打造得更完美一些，因此对孩子大有“恨铁不成钢”的意味。殊不知，他们的不肯定对孩子来说是莫大的伤害。孩子长时间得不到肯定就会对自我价值产生怀疑，认为自己一定是没有什么优点值得人肯定，这就给他们自信心的建立设置了极大的阻碍。但如果父母善于发现孩子的优点，就会让孩子更快乐，从而塑造良好的性格。

青青是一个胆小怯懦的女孩。她长得不漂亮，小眼睛，塌鼻子，皮肤还有些黑，经常被一些调皮的孩子叫成“丑小鸭”，这让青青变得更加胆怯，甚至不敢跟同学们玩耍。为了让她自信一点儿，妈妈经常会找各种优点来夸赞她。

放学路上，青青给流浪猫喂食，妈妈会说：“青青真是一个有爱心的孩子，心灵美的人最可爱。”

青青在院子里发现一个鸟窝，妈妈会说：“青青真是个观察细致的孩子，心思细腻的人做什么事情都会让人更放心。”

校园运动会上，青青坚持跑完了800米，虽然没有取得名次，但妈妈说：“妈妈看见你跑到一半儿就累了，但你还是坚持跑了下来，这种毅力是最宝贵的，也是校园运动会追求的体育精神。”

……

虽然很多时候青青做得并不好，但妈妈总是能够从中发现她的优点，并加以夸赞。妈妈的鼓励让青青越来越自信，她觉得自己虽然长得不出众，但身上有很多闪光点，一点儿都不比别人差。有了这种想法之后，青青就不再胆小怯懦了，做事情积极，乐观开朗，很自然地融入同学之中，大家的关系也变得更加融洽了。

每一个孩子都是父母的心头爱，父母也都希望他们成为人中龙凤，所以父母在教育上就要多多用心。通常情况下，父母奚落孩子，打击孩子，会让他们否定自己，渐渐变得消极，而鼓励和赞扬则会让他们信心满满。每一个孩子身上都有优点，哪怕微不足道，哪怕沙里淘金，父母也要去发现并赞扬，因材施教，才会让孩子朝着更好的方向发展。

没有十全十美的孩子

俗话说，“金无足赤，人无完人”，没有谁是完美到无可挑剔的。然而这个简单的道理，很多父母并不明白，他们用几近完美的眼光审视孩子，一旦发现孩子的缺点，就开始严厉地管教，不能坦然面对孩子的缺点。想让孩子变好的心每一位家长都有，但过于追求完美反而不利于孩子的成长。

当父母不能坦然面对孩子的缺点时，孩子的情绪就会受到负面影响，他们很可能会认为自己什么都不好，爸爸妈妈不爱他们，从而开始自我否定，无法积极乐观地面对生活，进而影响他们的一生。

人们常说，“天底下没有两片相同的树叶”，因此人与人自然也各有不同。但是小乐妈妈总喜欢拿小乐与别人对比，希望她活成对方的翻版。

小乐邻居家有一个与她年纪相仿的女孩，漂亮，聪慧，言谈举止得体大方，记忆力好，学习成绩也非常好，这让小乐妈妈羡慕不已，经常跟小乐夸奖邻居家的小女孩，同时也不忘刺激小乐一番。

“你看看，隔壁女孩长得多好看，再看看你，唉，你要是有人家一半儿好看，妈妈也知足了。”

“你就不能给我争气点儿，考个第一？你看看人家，每次都是第一名。”

“吃饭的时候学学人家，多斯文，你就知道吧唧嘴。”

“看看人家那舞姿，天生是跳舞的好苗子。你要是腿也那么长，妈妈一定培养你好好跳舞。”

……

在妈妈不停地对比下，小乐早已伤心不已。一天，妈妈又开始唠叨起来，小乐实在忍不住了，哭着喊道：“隔壁家女儿好，你去养人家吧，别养我这个女儿了，反正我浑身上下没有一处你满意的地方。”

看着崩溃的小乐，妈妈才意识到自己平时的话语对她造成了很大的伤害，一定是负面情绪不停地在心中堆积，才让她在今天爆发。于是妈妈想，以后再也不能那样说话了。

没有哪个孩子是完美的，明白了这一点，父母就能够说服自己去接受孩子的不完美。当父母降低对孩子的要求时就会发现，原来自己的孩子也是很优秀的！这时，无论是父母还是孩子，都能以一个轻松的心态去生活，而父母也能给孩子营造一个良好的成长环境，让他们变得更自信、开朗、阳光、积极。

王阿姨是一名高级知识分子，名牌大学毕业生，上学期间是名副其实的学霸。女儿玛丽能歌善舞，画画也很好，只是学习有些吃力，尤其是英语成绩欠佳。期中考试，玛丽的英语成绩名列全班之末，这让追求完美的王阿姨心一下子凉了半截，情绪也变得异常焦躁起来。

给女儿辅导英语作业时，王阿姨常常生气地批评女儿，一道题反复讲解也不明白的时候，王阿姨就会冲着玛丽大吼，甚至盛怒之下还会动手。直到玛丽委屈地哭起来，王阿姨心中的火气才会稍微平息一些。

有段时间，鸡飞狗跳成了家里的常态，一家人的生活糟糕透了。在这种情况下，玛丽的学习成绩自然也没有什么提高。经过屡屡“打击”之后，王阿姨觉得，女儿在学习的道路上也许真的走不下去了。

为了改变一家人的相处模式，王阿姨进行了深刻的反思。她想，玛丽再不完美也是自己的女儿，自己叱骂她不仅不会提高她的成绩，还伤了母女情分。与其费尽心力去改变女儿的不完美，倒不如坦然接受，这样大家还能心平气和地相处。自己最初对玛丽的期望，不就是健康快乐吗？那现在为什么要给她背上沉重的枷锁呢？

从那以后，王阿姨降低了对玛丽的期望，她不求玛丽能够万众瞩目，闪闪发光，只求她健康快乐就好。一家人的心态改变了，家庭氛围变得温馨了，玛丽的成绩反而有所提升。

虽然，坦然面对一个不完美的孩子很难过，但是为了孩子，父母必须接纳他们，积极称赞他们的优点，让他们变得更好。当面对他们的不完美时，父母要告诉自己，每一个孩子都是一颗花的种子，每个人的花期都不同。有的花，很早就灿烂绽放；有的花，则需要漫长等待。父母要相信自己孩子的花期，耐心地等待他绽放。

别把孩子当成攀比的工具

不知道从什么时候开始，优秀的孩子成了我们炫耀的资本。同事聊天，同学聚会……到处都有一批“炫娃狂魔”。大家通过孩子互相攀比，赢的人自然扬扬得意，就好像自己获得了莫大的成功；而输的人则垂头丧气，满腹不悦，甚至将坏情绪一股脑儿地发泄到孩子身上。可是，孩子又有什么错呢？这时的他们不过是父母争面子的一个工具而已，这对孩子来说是不公平的。

小王和小张是高中同学，很多年没有见面了。再次见面时，两人已经各自有了家庭和孩子。当了妈妈的人见面，聊得最多的自然就是孩子。

小王家庭条件一般，但是在孩子的教育问题上非常重视。她给孩子提供了非常广阔的学习空间，她的女儿会跳舞，会唱歌，会弹钢琴，会游泳。不仅如此，女儿哪一方面的学习成绩不理想，她就会另外请老师辅导，所以孩子的学习成绩也非常棒。

小张家庭条件优越，给孩子创造了各种好的学习条件，可是孩子就是不怎么用心，什么也学不会，学习成绩更不值一提。

所以，小张只是听着小王滔滔不绝地说着自己的孩子，她则一句话也说不出来。相比之下，小张觉得自己太没面子了，明明自己生活条件比小王好很多，却在孩子上比不过她，心里很不舒服。

回到家之后，看见自己的女儿，小张就想起了今天丢面子的事，不由得冲着女儿发了一顿火。女儿完全摸不着头脑，一脸委屈地想：我今天没犯什么错误呀，妈妈怎么对我这样呢？

小王回到家之后，看见女儿非常开心，于是对她讲："宝贝，你可是妈妈的骄傲，今天让我着实在同学面前威风了一把。你可得加油努力，不能落后于其他人，否则妈妈的面子可就没地方搁了。"听了这话，女儿就好像背上了一座大山，心想：我得多努力才能一直维持好妈妈的面子呢？可是我真的很累了……

事实证明，越是把孩子当成攀比工具的父母，越难以接受孩子的不完美，甚至还认为孩子丢了自己的脸面，于是对孩子失去了温柔和耐心，给孩子脆弱的心灵蒙上了阴影，使他们不能快乐地成长。另外，父母一味地在别人面前炫耀孩子，还会给孩子造成非常大的心理压力，生怕自己哪天比不过别人，让父母失望，从而逐渐养成争强好胜的性格。

炫耀孩子还可能影响亲子关系。当父母总是向外人炫耀时，孩子的心里就会产生一种错觉：我各方面都好就会给爸爸妈妈争面子，否则他们可能就不爱我了。而父母也可能因为自己的孩子比不过别人，脸上无光而迁怒于孩子，从而导致亲子之间矛盾不断。

一天放学回家，小丽一进家门就把一张奖状放在桌上，说道："妈妈，这次期中考试，我的数学成绩得了班级第二，老师给我发奖状了。"

"是吗？那还挺好的。"妈妈说着走到跟前，拿起奖状看了一眼，开心地对小丽说，"玩去吧。"

于是小丽拿出了自己的新玩具，一边看动画片，一边玩了起来。

突然，门铃响了。原来是隔壁阿姨来串门。阿姨刚坐下不久，妈妈就拿来了小丽的奖状，炫耀说："你看，这次我们小丽期中考试，数学考得还可以，班级第二呢。"

"不错，不错，继续努力。"阿姨连连称赞。小丽妈妈一脸开心，随口又问道：

"你家孩子考得咋样呢？"

"也还行，班级第一。我儿子就喜欢数学，经常参加市里的奥数比赛呢！"

"是吗？"

"现在已经获得大大小小很多奖励了。现在他又对英语的兴趣非常浓厚，只要有空闲时间，就会缠着我们给他读英语听……"

邻居阿姨还说他的儿子喜欢画画、乐器等，听上去完全就是一个小小的全能型人才，相比之下，小丽的第二名太过微不足道了。妈妈心中的自豪感早已荡然无存了。等阿姨走后，妈妈看见小丽还在玩，于是一脸不高兴地说道："听见没有？人家的兴趣爱好多么广泛，你就只知道看电视，玩玩具，赶紧学习去吧。"

看着妈妈翻脸比翻书还快，小丽也很不开心，噘着嘴回到房间学习了，心想：妈妈真讨厌！

正如上面的例子所揭示的，当着别人的面指责孩子，很容易对孩子的自尊心造成伤害。父母们一定要明白，良好的亲子关系不是孩子对父母言听计从，而是相互平等，互相尊重。把孩子当成攀比工具，让孩子为我们争面子，就会打破原有的平等关系，让孩子感受不到我们的尊重和爱，从而与我们疏离。

在教育孩子的过程中，很多父母会走进类似的迷途，想让孩子在比较中变得更好，事实上，却往往打击了孩子的上进心和积极性。所以，我们要掌握好“炫娃”的尺度，要尽可能地让我们的“炫耀”成为孩子的成长动力，而不是成长的负担或障碍。

不要轻易否定孩子

也许大家都发现了，当一个成年人发脾气时，我们会好言相劝，他做错事情时，我们会体谅理解，但是当孩子发脾气或者做错事情的时候，父母很可能会一通训斥或者一顿打骂。为什么会这样呢？究其原因，就是父母轻易地否定了孩子。

很多父母在与孩子相处的过程中并不能平等地对待孩子，对于孩子的语言、行为或者情绪，很轻易地就给否定了。在他们看来，孩子就是孩子，他们的思想不成熟，性格不稳定，所以没必要在乎他们的感受。事实上，这样的想法大错特错。首先，孩子是与父母平等的个体，需要父母的尊重和理解；其次，孩子正在成长中探索世界，父母有义务引导和鼓励他，使他发展得越来越好。或许父母不经意间的一次否定，就会给孩子带来抹不去的伤痕，影响他的一生。

曼曼是一个热情开朗的女孩。一天放学后，她在学校门口收到了很多宣传单，都是一个个兴趣班的宣传册。她很高兴地拿回家给妈妈看，因为她在上面看到了自己喜欢的舞蹈班。

曼曼一边把宣传册递到妈妈的手里，一边说：“妈妈，你看上面那个舞蹈班好吗？”

妈妈没有说话，只是拿起宣传单认真地看起来，过了一会儿，她对曼曼说：“我觉得你报一个钢琴班更好。”

“不，我喜欢舞蹈班，我就想跳舞，将来可以有机会登上舞台表演。”曼曼的眼睛里充满了憧憬，就好像自己已经穿上美丽的舞蹈服，在灯光璀璨的舞台上翩翩起舞了。

“你跳舞估计也没什么前途，倒不如报个钢琴班学一学音乐。”

“为什么就没有前途啊，我还没学你怎么就知道没有前途了？”

“你看看你那两条腿，又粗又短，一看就不是跳舞的料子。”

听了妈妈的话，曼曼又看看自己的腿，彻底地失望了。从那以后，她再也没有提过跳舞的事儿，甚至还非常抵触舞蹈。更加让人不可思议的是，曼曼夏天连裙子也不穿了，成了别人眼中的“怪孩子”，在妈妈的再三追问下，曼曼才说：“我的腿又短又粗，当然不适合穿裙子了。”妈妈听了以后，非常惊讶，原来自己的一句话对曼曼造成了如此大的影响。

有时候，说者无心听者有意。父母在教育孩子的时候，不仅要管理好自己的语言，还要注意不能轻易否定孩子。父母经常在气急败坏的情况下，失去理智，说出一些让人伤心的话，或许自己并没有太在意，但是对于孩子来说，却是满满的负能量，甚至是十分恶毒的语言攻击，给他们造成非常大的伤害。

或许孩子在某一方面并不完美，但是父母不能凭自己的主观臆断去判定孩子，甚至断送孩子的前途，这对孩子来说是不公平的。

晓星在看过一次轮滑比赛之后，兴致勃勃地对妈妈说："妈妈，我也要玩轮滑。"

"你快得了吧，见风就是雨，什么都想干。"妈妈想也没想就直接拒绝了。一旁的晓星很纳闷，追问道："我为什么就不能玩呢？我看玩轮滑很有意思呀。"

"我告诉你吧，你从小平衡感就不好，走路还经常摔跤呢，怎么去玩轮滑？"妈妈拿出了慈祥老母亲的语调给他解释了一通。

"可是我现在长大了，我想试试，说不定能行呢？"

"快别试了，你肯定滑不了。"

晓星生气地不理妈妈了。晚上，爸爸下班回家，看见晓星闷闷不乐，询问之后知道了事情的经过，于是就去跟妈妈商量，先让晓星试试看。在爸爸的劝说下，妈妈终于同意了。晓星高兴极了，暗自下决心一定要滑好。

起初，晓星总是摔跤，脑海里似乎总有“平衡感不好”五个字。他告诉爸爸：“或许我的平衡感真的不够好。”爸爸鼓励他说：“平衡感是会随着你的长大变好的。刚开始学习轮滑时谁都很难掌握平衡，不是你平衡感不好。”

有了爸爸的鼓励，晓星放宽了心，很快就学会了。每当他从妈妈面前滑过的时候，心里都可骄傲了，似乎在告诉妈妈：“你不是在否定我吗？给你看看！”

作为父母，如果自己的孩子在某个方面真的有不足之处，更要鼓励他，培养他的自信心，而不是否定与打击。孩子都很敏感，当他们感受到父母的否定时，就会自我否定，甚至认为自己确实不行，一无是处，心中对美好的渴望就会逐渐熄灭。父母要接受孩子的不完美，给予他们关心和爱，让其信心百倍地成长。

孩子是待挖掘的宝藏

著名儿童心理学家皮亚杰曾经说过：“孩子的潜能是个巨大的宝库，要仔细观察和发现，懂得开发。”这一点说起来容易，做起来却很难。

当孩子一有不尽如人意的表现时，很多父母会认为孩子就是这个样子的，如果不能好好地教育引导，将来一定会一事无成。事实上，这种想法太过武断，孩子外在的表现常常是冰山一角，父母不能凭借露在水面上的一小部分就去判定冰山的大小。孩子身上都有巨大的潜能，能否开发出来这种潜能在很大程度上取决于父母。如果父母在教育孩子时，懂得遵循其成长规律，给予正能量的引导，他们就可能成为栋梁之材；反之，如果父母不断给予孩子负面魔咒，那他们真正的价值就可能永沉海底，难以开发。

方方是一个早产儿，由于妈妈孕晚期出现各种不适的症状，医生担心地告诉妈妈，这孩子长大后可能会有智力方面的问题。

上学以后，方方的成绩始终不好，基本上每次考试都是倒数。每次老师批评方方学习不努力的时候，妈妈都会向老师解释："方方是个早产儿，医生曾经说过，她可能有智力问题。"可是，除了学习，方方在其他方面都是正常的，于是爸爸决定带她到医院去检查，结果显示，方方智力正常。可为什么她的学习成绩就是上不去呢？爸爸不断地鼓励方方，可是她每次遇到问题都会退缩，还会毫无信心地说："我太笨了，可能真的是智力有问题。"

为了帮助方方，爸爸又带她去做心理咨询。心理医生给方方出了一道题，可她刚想了一下，就说道："我做不出来，我的脑袋太笨了。"医生鼓励她，让她平复一下心情，然后大声说"我智力没有问题，我一定能解出这道题"。方方连着说了好几次，然后开始解题，这一次她思考了更长的时间，不过还是没有做出来："我真的做不出来。"

心理医生继续鼓励她，给她出了一道新题，没想到方方一下子就做

出来了。她高兴极了，因为自己从来没有这样迅速地做出过题。

医生告诉爸爸，方方并没有智力问题，她是因为受到了“早产儿智力有问题”的心理暗示，所以才遇到困难就放弃退缩。后来，在心理医生的指导下，爸爸妈妈相互配合，坚持不懈地给方方鼓励和积极正面的心理暗示，方方终于走出了“智力有问题”的阴影，学习成绩也发生了惊人的变化。

孩子的潜能是无限的，只是父母不善于发现，一心只盯着他们不尽如人意的地方进行说教，然后给孩子下定论、贴标签，传递各种负能量，这对孩子来说是巨大的伤害，也是父母教育孩子最大的失误。很多时候，孩子的不完美只是表象，父母坦然接受之后就会发现，那些不完美的背后，蕴藏着巨大的完美。

一直以来，爸爸妈妈都认为小梁在绘画方面完全没有天赋，因为他每次的绘画作品都非常糟糕，山不像山，水不像水，就连房子也是歪歪扭扭的。所以在绘画上，他们对小梁基本处于放弃状态。

一次，爸爸带小梁到一个艺术展厅游览。小梁看见了墙上的一幅抽象画，停在那里就不肯往前走了，他说："爸爸，你看这幅画多有意思。"

"有什么意思呢，爸爸根本就看不懂。"爸爸坦白地说道。

"我也看不懂，就是觉得很好，要是我能画出来就好了。"小梁说。

"你想学吗？你不是很讨厌画画吗？"爸爸问。

"想学，我不讨厌画画，只是一直画不好而已。"

回到家，爸爸跟妈妈说了小梁喜欢抽象画的事情，妈妈觉得那只是他好奇而已，根本什么都不懂。可爸爸觉得应该给孩子一个尝试的机会。于是他联系自己的朋友，几经周折给小梁找了一位抽象画老师。

后来，经过学习和努力，小梁的画获得了很多奖项。这让所有人都非常惊讶，没想到小梁小小年纪居然能够有如此成就，真是一个深藏不露的绘画天才。

小梁这样一个曾经被爸爸妈妈认定在绘画上没有天分的孩子，居然能够突破自己，成为绘画高手。这关键是得益于爸爸的发现和开发，他的潜能由此被激发出来。所以，父母要学会发现、挖掘孩子的闪光点，然后加以深耕，或许就能成就孩子不一样的人生。

不要将自己的想法强加给孩子

“父母之爱子，则为之计深远。”很多父母为了孩子将来能够成为栋梁之材，在教育上倾注了自己全部的爱，决心“帮到底”。他们认为自己必须给孩子规划好一条光明大道，然后让孩子心无旁骛地照着去走，只有这样，孩子才能免受各种挫折与困顿，一帆风顺地成就梦想。然而这仅仅是父母的想法，孩子是否愿意如此，父母未尝可知。

纪伯伦的诗中曾经这样写道：“你的孩子，其实不是你的孩子，他们是生命对于自身渴望而诞生的孩子。他们通过你来到这世界，却非因你而来，他们在你身边，却并不属于你。你可以给予他们的是你的爱，却不是你的想法，因为他们自己有自己的思想。”

最近小羽妈妈的情绪很不好，觉得现在的小羽实在是太叛逆了，一点儿都不听话，这让她很为他的将来担忧。为了跟其他家长取取经，她参加了周末的妈妈会。在会上，她分享了自己的苦恼：

“过去小羽是个非常听话的孩子，为了让他长身体，我每天早上都给他安排鸡蛋、牛奶，他都乖乖地喝完再去上学。对于我的话，他从来都不反对，只要是我给他安排的学习任务，他都能一一完成，他知道我是爱他的，一切都为了他好。

“可是不知道从什么时候开始，他开始不乖了，早上的鸡蛋和牛奶

一口都不再动了，我花了很多钱才抢到的兴趣班也不好好去上了，只要是我让他干的事情，也统统不想干了。我真的不知道小羽为什么会如此叛逆，大家都有过这样的情况吗？”

听到小羽妈妈的苦恼，好些家长深有同感地附和着。突然有一位妈妈问道：“你没有和孩子沟通过吗？”

“没有，问他什么都不说。”

“那你让他做的事情都是他喜欢的吗？”

“很多都不是，不过那对他都是有好处的。”

“孩子不喜欢的事情我们非要逼着他们去做，一开始他们会选择顺从，慢慢地厌恶的情绪积攒多了，就开始变成了抗拒，也就是我们所说的叛逆。孩子们都有自己的思想，如果我们一味地把自己的想法强加到他们头上，孩子自然是不愿意的……”

听了这位家长的一番话，小羽妈妈点了点头，决定自己好好反思一下。

孩子是父母最亲近的人，可是有多少父母了解孩子内心的想法，尊重他们的思想呢？教育并不是说教，孩子就是孩子，父母必须尊重他们发展的个体差异，允许他们犯错，让他们有自己的思想，在自我探索中学习和成长，这样才能让他们终身受益。

燕燕放学总会路过一家钢琴店，每次妈妈都会被宛转悠扬的钢琴声吸引，于是就想让燕燕也学钢琴，可是燕燕并不愿意：“妈妈，我不喜欢，不想学！”妈妈则因为燕燕的“不想上进”而生气，两个人每次都闹得很不愉快。

爸爸知道这件事后，劝妈妈说：“孩子不想学就别再强迫她了，毕竟她不是你，她不喜欢那也没办法。”后来妈妈也就放弃了这个念头。

一天，她们再次从钢琴店经过，里面正弹着一首新曲子，非常动听，燕燕仿佛被吸引了，驻足听了起来。之后她缓缓地走到橱窗前，看见一个身材苗条的女孩正在弹奏，那形象美极了。燕燕心想：“或许我也可以这样。”

之后的几天，燕燕每次经过钢琴店都要听上几分钟，她竟然喜欢上了钢琴曲，于是对妈妈说：“妈妈，我现在想学钢琴了，那声音很好听。”

看着燕燕的转变，妈妈很开心。之前费了九牛二虎之力让她学习，她偏不学，现在竟然主动提出要学！妈妈很快就给燕燕报了名，决心好好培养她。

孩子的想法对于他们的成长很重要，他们愿意做什么事情才能够做好，如果只是迫于父母的压力去做事情，很可能事与愿违。

父母都是爱孩子的，都想让他们在快乐的基础上成长，所以父母的教育方式也要有所改变。与其一味地让孩子听话，倒不如给孩子一些思想的空间，以免培养出毫无主见和自理能力低下的“巨婴”。其实，教育孩子并不是很难，有时候父母只要多问几句“你是怎么想的”“你认为怎样”“你喜欢什么”……就可以了。

望子成龙不能走火入魔

望子成龙，几乎是每一个中国家庭对于孩子共同的期待。然而在孩子的教育问题上，每个家庭却各有不同。有些父母偏执地认为，人的一生只有成为人群中的佼佼者才算是成功，于是疯狂地给孩子施压，希望孩子能够战胜一切困难，脱颖而出。有些父母则完全不顾及孩子的感受，以自己的想法去培养孩子，几乎达到了走火入魔的地步。

海洋的爸爸妈妈是普通的工薪阶层，他们对自己的人生并不满意，所以从海洋出生的那一刻起，他们就决定好好培养他，将来让他大有作为。在爸爸妈妈看来，普通人家的孩子唯一的出路就是好好学习，考上好大学。因此他们对考名牌大学几乎已经到了痴迷的地步，每天都给海洋灌输考名牌大学的思想。

从海洋懂事开始，爸爸妈妈就给他报各种才艺班，海洋上了小学以后，又给他报各种辅导班，而且每天苦口婆心地教导海洋："好好读书，现在不吃学习的苦，将来就要吃生活的苦。考个名牌大学是你唯一的出路。"类似的话几乎每天都在海洋的耳畔回荡。

海洋每天除了正常上课，还要往返于各种课外班，他实在太累了，很多次想要放弃，可是爸爸妈妈软硬兼施，用尽浑身解数，让他继续学下去。在爸爸妈妈的强制要求下，海洋每天咬紧牙关学习，觉得自己的童年毫无快乐可言，而自己的爸爸妈妈就好像走火入魔了一样，完全不在乎他到底累不累。

后来，海洋的身体出现了问题，经常出现幻觉，甚至还幻听，似乎爸爸妈妈总站在他的身边，说着“听话，好好学习，等你考上名牌大学就好了”之类的话。他听不进去课，有时候还自己和自己说话，这可吓坏了爸爸妈妈。

经过医生的诊断得知，海洋患上了抑郁症。看着已经精神崩溃的儿子，爸爸妈妈这才恍然醒悟过来。他们不再给海洋施加任何压力，积极地配合医生治疗，慢慢地，海洋的病情有了好转。爸爸妈妈下决心，以后再也不逼迫孩子了。

在家庭教育中，孩子的声音总是很微弱，父母大多数时候觉得孩子什么都不懂，就以自己的想法去约束孩子，以为这样可以让孩子更成功，结果却彻底地淹没了孩子。望子成龙固然是好的，但是太过高压，不顾孩子的承受能力反而会伤害孩子。

随着年龄的增长，孩子逐渐有了自己的思想，如果父母一味强制，给他们施压，反而会强化他们的逆反心理，与父母的教育初衷相背离。所以凡事适可而止，多尊重孩子的想法，教育效果会好一些，亲子关系也会更加融洽。

小西妈妈小时候出于家庭条件的原因，接触英语晚，所以在英语方面有所欠缺。后来她去应聘一份工作，因为不会英语而被拒之门外。这件事让她很受打击，发誓以后一定不让自己的孩子吃这样的亏。

小西出生以后，妈妈就开始对小西进行英语启蒙，之后又给她报各

种英语班。然而小西似乎对英语并没有太大的兴趣，成绩总也不是很突出，这让妈妈心急如焚。后来，妈妈给小西请了私教，只要有空闲时间，就让小西学英语。

看着同伴们自由自在地玩要，小西崩溃了："妈妈，你的经历是你的经历，为什么你没有实现的事情必须让我来完成呢？"

"妈妈是过来人，你听我的总没错，你现在还小，不懂英语的重要性……"

既然胳膊拧不过大腿，那小西就开始想自己的对策。她开始不听讲，上课总是玩，有时候她还会觉得没有妈妈的盯梢和唠叨挺轻松的。就这样，尽管妈妈给她报了很多班，付出了很多的心血，可是对小西却没起到多大的作用，只是让她的童年有段"不堪回首"的学习时光而已。

在孩子的教育问题上，你是否也有这样的执念呢？把孩子当成是自己的延续，让他去完成自己未完成的梦想？孩子是一个独立的个体，父母要尊重他们，用爱去教育引导他们，而不是以爱之名绑架他们，一厢情愿地牵着他们走，那样很可能会毁掉他们的前程。如果父母想让孩子变成优秀的人，就要时刻保持冷静，不要执着于自己的想法，让孩子成为你们的牺牲品。

第八章

陪伴让教育更温暖

在教育过程中什么最重要？不同的人有不同的理解。有的人说是让孩子按时完成作业；有的人说是给孩子报几个辅导班；还有的人说是给孩子买足够的书……然而真正从孩子的角度去考虑的人却非常少。其实，陪伴很重要，父母的陪伴能让孩子心理安宁、学习用心、健康成长，它会让教育更加温暖。

孩子渴望爸爸妈妈在身边

社会经济的快速发展给我们的生活带来了翻天覆地的变化，同时也带来了巨大的生存压力。为了更好地生活，我们将大部分时间安排在工作上，很少能够抽出足够的时间来陪伴孩子，甚至在部分农村地区，有大量的留守儿童。陪伴的缺失就是教育的缺失，以至于一部分孩子因为得不到足够的关爱而产生性格缺陷，内心极为孤独。因此，“希望爸爸妈妈多陪陪我”成了一大部分孩子共同的心声。

小雅的爸爸是公司高管，妈妈是个体经营者，他们的工作都非常忙碌，所以每天接送小雅的任务就落到了爷爷奶奶的身上。

每天早上，还没等小雅醒来，爸爸和妈妈就各自忙各自的工作去了。晚上，妈妈回家后已经很累了，喜欢窝在沙发上看会儿电视；爸爸经常有应酬，一般都很晚才回家。小雅和爸爸妈妈之间的交集也就仅限于每天能见面打声招呼。

在学校里，经常有同学问：“小雅，我怎么从来都没有见过你的爸爸妈妈呢？”小雅总说他们很忙。然而有些同学很调皮，经常会说：“你骗人，你根本就没有爸爸妈妈，要不我们怎么一次也没看到过啊？”这些话惹得小雅哭了好久。其实，她并不是真的怪同学，只是想不明白爸爸妈妈为什么就不能在自己的身边多陪陪她。在她上学的几年里，爸爸妈妈从来没有参加过学校的亲子活动，看见别的同学和爸爸妈妈玩得那么开心，小雅多么渴望自己的爸爸妈妈也在身边呀。

由于长期缺少陪伴，小雅的内心很孤独，逐渐养成了沉默寡言的性格，甚至脾气还有点儿暴躁，动不动就跟同学生气、怒吼。后来，老师与小雅的爸爸妈妈沟通，希望他们在兼顾工作的同时也照顾一下小雅的情绪，不要让孩子成长在一个孤单的世界里。小雅的爸爸妈妈也认识到了问题的严重性，于是协商彼此的时间，争取给孩子最多的陪伴。

很多父母认为，父母对孩子的爱就是要让他吃饱穿暖，有更好的生活条件，而常常忽略孩子的情感需求。或许在孩子看来，优越的生活条件远远比不上父母的陪伴，所以父母关爱孩子就要关爱孩子的身心，让他们切实地感受到爱。只有长时间地陪伴孩子，父母才能更了解孩子的喜好和性格特点，从而更好地进行教育和引导孩子。

在陪伴孩子方面，很多父母的意识并不强烈，觉得孩子会自我发展，父母的陪伴并没有想象得那么重要。事实上，这个想法是极为错误的。父母是孩子的依靠，孩子长时间得不到父母的陪伴，就会失去安全感，进而逐渐影响人格的发展。

凯凯妈妈参加了一个爱心组织，周末要到农村看望留守儿童。在去之前，她并没有太大的感触，只是觉得孩子们长时间见不到爸爸妈妈很可怜，但是去了之后，她被震撼了。那里的生活环境很差，卫生也很差，孩子们三五成群地在一起玩耍，等着爷爷奶奶喊他们回家吃饭。看到村主任带着爱心组织的人在村子里走动，有的孩子怯生生地看着，看上去一副很害怕的样子；有的孩子很冷漠，就好像完全没有看见他们一样；

有的孩子很顽皮，跟在他们后面指指点点地嘲弄着。唯独没有人热情大方地上前打招呼。村主任说："这些孩子的爸爸妈妈都不在身边，只有爷爷和奶奶教育着，有些孩子善良、胆小，有些孩子顽皮、不懂礼貌。很多孩子都不听爷爷奶奶的话，很难教育。再说，老人的思想也跟不上潮流了，给孩子们吃饱穿暖就不错了……"虽然村主任说的只是一些特别的孩子，但道理是相同的。凯凯妈妈感触颇深。

之后，他们来到一户生活困难的人家，爸爸妈妈都外出打工了，只留下孩子跟奶奶在家，生活条件异常艰苦。凯凯妈妈问小女孩："如果现在让你许一个愿望，你最想干什么呢？"她原本以为女孩会说要好多好吃的好玩的，不要生活得像现在这样辛苦，然而女孩却说："我希望爸爸妈妈能够在我身边。"凯凯妈妈瞬间热泪盈眶。

她想到了自己的孩子，几乎孩子一有空闲时间，她就会把孩子丢给爷爷奶奶或者姥姥姥爷，自己一身轻松。现在想来，或许自己的孩子也有着同这个小女孩同样的心愿。这时，她的内心升起了一丝愧疚，决心以后一定要多陪陪孩子。

在孩子的世界里，父母的爱就是一切。所以，父母要多多陪伴孩子，让他们不会因为孤单而伤心难过，不会因为受人欺负而失落自卑，不会因为无人分享而变得暴躁霸道。每一个孩子都是父母种下的幼苗，需要父母用心去灌溉与呵护，陪伴就是无声的教育，能够帮助孩子更好地成长。

帮孩子找到自己的乐趣

孩子从出生开始就是非常好学的，他们的求知欲很强，想知道这个色彩斑斓的世界到底是什么样子的。他们喜欢黏着爸爸妈妈，跟他们一起快乐。可是慢慢地，他们就不愿意跟在父母的身后了，有时候还会因为父母的跟随而感到不开心，这是为什么呢？其实，孩子只是没有找到自己的乐趣罢了。

最近爸爸听说海底世界很好玩，于是就想着带自己的宝贝女儿芸芸去看看。可当他跟芸芸提出要去玩的时候，芸芸却是抵触的情绪。芸芸

是一个非常胆小的女孩子，她害怕那些游动的、爬动的小家伙儿们，常常会因为害怕毛毛虫而哭泣。然而爸爸很坚持，对芸芸说：“乖女儿，你还没去怎么就不想去呢，那里可好玩了。”在爸爸的劝说下，芸芸终于答应去了。

在海底世界，爸爸和妈妈玩得不亦乐乎，芸芸却没有表现出太大的兴趣，甚至当一条大鲨鱼隔着玻璃游过来的时候，芸芸还吓哭了。最后爸爸妈妈只好带着闷闷不乐的芸芸走出了海底世界。

回来的路上，妈妈还不忘抱怨几句：“你这孩子，你看看人家都喜欢去海底世界玩，你怎么就这么与众不同呢？也不知道什么好玩的才能入你的眼。”听了妈妈的话，芸芸一脸委屈，小声嘟囔起来：“我本来就说不来的，是你们非要让我来，我又不喜欢。”就这样，一次家庭旅游以不愉快而告终了。

很多父母总是自以为是地去对孩子好、培养孩子，却很少去了解孩子喜欢什么，需要什么。在父母的意识中，“这个对你好，你就得接受”，“这个有意思，你一定喜欢”……然而，所有的一切只不过是父母站在自己的角度上认为的。孩子有他自己的兴趣所在，如果父母想要孩子快乐成长，就应该帮他们找到属于自己的乐趣。

小旭的妈妈在对小旭的教育上付出了很大的心力。她很宠爱小旭，只要孩子提出的要求合理，她就会尽量满足，因此朋友们经常说她是“宠娃狂魔”。小旭妈妈常常觉得女孩子多才多艺一点儿会更加出色，于是很注重培养小旭的兴趣爱好。起初她给小旭报了很多兴趣班，唱歌、跳舞、钢琴……可是小旭似乎对这些都没有什么兴趣。

妈妈问：“乖女儿，你喜欢什么呢？”

“我也不知道，不过你给我报的那些班我都不怎么喜欢。”

后来，妈妈干脆把那些课都停了，说一切要尊重孩子的想法，并帮小旭找到自己喜欢的东西。从那以后，妈妈带着小旭进行各种尝试，游泳、插花、陶艺……很多东西都尝试过了。妈妈发现，小旭似乎对书法很感兴趣，于是就给她买了一些名家字帖。果然，小旭一有时间就看字帖，乐此不疲，甚至还经常练习。妈妈还发现，小旭对赵孟頫的字情有独钟，每一个笔画都认真地研究，妈妈私底下也悄悄地练了起来，希望有一天可以跟小旭切磋一二。在妈妈的培养下，小旭的书法日益精进，整个人的状态也非常好，乐观开朗，落落大方，很受大家喜欢。

一些家长见此，向小旭妈妈取经，她说：“教育孩子其实并不难，我们只要帮他们找到自己的乐趣，他们就会自己去探索发现，根本不需要父母再去多操心。”

孩子也有自己的乐趣，他们在自己喜欢的世界自然愿意积极主动。而父母的义务就是帮他们找到乐趣，包括学习乐趣。上学时，孩子们都会高高兴兴地背着小书包去上学，但后来为什么就越来越不愿学习了呢？因为父母没有帮他们找到乐趣，而是将其看成一种任务施加在孩子身上，孩子自然就不愿意了。其他事情也是如此。所以，父母想要孩子成为一个积极向上、健康快乐的孩子，就从帮助他寻找乐趣开始吧。

父母是孩子快乐的源泉

孩子的快乐往往很简单，也常常让父母意想不到。有时候，他们在意的并不是去哪里玩，或者是拥有多少玩具，而是父母给不给自己真心实意的陪伴。在孩子眼中，父母就是最好的玩伴。孩子快乐与否在很大程度上由父母所决定。

周末，小玉家买了一个新的大床垫。吃完饭后，爸爸换上了新床垫，正打算把旧床垫处理掉，被小玉看到了。她立刻脱掉鞋子跳到了旧床垫上，开始蹦起来，一边跳还一边喊：“这个蹦床真是太好玩了，爸爸，你看我跳得多高。”

“有那么好玩吗？”爸爸微笑着问道。

“当然了，平时妈妈都不让在床上跳，现在拿下来了，我可以放心地跳了。”

后来妈妈居然也跟着跳了起来。过了一会儿，爸爸又把床垫的一头搭在沙发上，形成了一个斜坡，说道：“来吧，看我做的滑梯好不好？”

小玉开心极了，马上滑了起来。不仅如此，她还时不时地从床垫下的小洞钻过去，玩得不亦乐乎。看着她玩得如此开心，爸爸妈妈也感到非常快乐。小玉兴奋地说：“爸爸妈妈，咱们家就像是个游乐场。”

“游乐场就这点玩具呀？这可比不上游乐场好玩。”妈妈说道。

“可是游乐场里没有你们跟我玩呀，没意思。”

小玉随口的一句话却让妈妈湿了眼眶，原来在孩子心中，爸爸妈妈和家远比游乐场更让她开心。

如今很多父母崇尚物质生活，认为只要让孩子拥有足够的物质，他们就会快乐，甚至他们很难理解生活困难的家庭的孩子怎么会有快乐。于是他们拼尽全力去给孩子创造优越的生活条件，经常用“为了孩子的快乐而努力”来勉励自己。然而他们并不知道，孩子最需要的快乐是父母陪伴在他们身边。

果果的家庭条件很好，爸爸经常会给她买玩具，妈妈经常会给她买漂亮衣服，可是她并没有因此开心不已，反而在家经常说羡慕小婷的生活。起初，爸爸妈妈并没有在意，觉得果果只是随口说说而已，但因为果果总在家里提起小婷，于是爸爸妈妈决定周末去小婷家拜访一下，看看这个让女儿羡慕的生活到底是什么样子的。

在果果的带领下，他们找到了小婷家。这是一个破旧的小胡同，在旁边高楼大厦的映衬下，显得更加残破。他们走进屋时，小婷妈妈正在做饭，小婷爸爸陪着小婷在玩拼图，一家人笑声朗朗，不到四十平方米的小屋一片和谐。果果爸爸看见了小婷脸上的笑容，这是果果从来没有过的。

看见果果带着爸爸妈妈来了，小婷一家人忙着招呼。饭桌上，果果爸爸说：“果果常跟我提起小婷，她很羡慕小婷的生活。”

“我们的生活？没什么可羡慕的，粗茶淡饭，破旧房屋，唯一能给孩子的也就是好好陪在她身边了。”

“孩子快乐最重要！”果果妈妈说道，大家一致地点了点头。从小婷家离开以后，果果爸爸妈妈明白了，小婷的快乐源自父母的陪伴。

父母都想让自己的孩子快乐。当父母发现给孩子买玩具、买衣服等不能使他快乐的时候，就要反省自己，有没有让孩子从自己身上得到快乐。父母要放下手中的工作，耐心地陪伴孩子，寓教于乐，让他们真正地快乐起来，同时也受到教育。

陪伴不是简单的守候

孩子需要父母陪伴，这是一个人人皆知的道理。然而很多人对“陪伴”的解读却不正确。有些父母认为自己只要待在孩子身边就是对他的陪伴。这种理解是不对的。可能有些父母又会说：“就差 24 小时待在一起了，还要怎么陪伴呀？”事实上，陪伴不是时间和空间上的守着，而是心与心之间的交流。

有些父母看似在陪伴孩子，但是与孩子完全没有交流。这样的陪伴算不上是陪伴，充其量也就是一个“监工”，这对孩子的成长和亲子关系的培养都是不利的。

学校家长会上，老师深情地呼吁各位家长要给孩子多一点儿陪伴和关爱。很多家长很受感动，在心中默默地下决心好好陪伴孩子。汐汐妈妈就是其中的一位。

下午汐汐放学回家之后，妈妈满脸愧疚地对她说：“汐汐，过去妈妈可能给你的陪伴少了一些，今天经过老师的提醒，妈妈才意识到父母的陪伴对孩子是多么重要，原谅妈妈一直忽略了你的感受好吗？”

“好吧。”汐汐有些不知所措地说道。

吃过饭之后，汐汐开始写作业，妈妈就守在她的身边自己看书；写完作业之后，汐汐开始玩积木，妈妈就守在她身边看手机。两个人各做各的，互不干涉。

过了一段时间，一天，汐汐突然对妈妈说：“妈妈，你以后还是像以前一样好了，我已经习惯了之前的生活。您说是要陪伴我，可是我总觉得您只是在盯着我，弄得我浑身不舒服。”

妈妈一时间不知道如何是好，怎么自己的陪伴和老师说的效果不一样呢？

陪伴不是简单的守候。父母需要付出爱与心力，去了解孩子真正需要的陪伴是怎样的。孩子在成长的过程中，需要有人来分享他们的喜悦，疏解他们心中的不快，解答他们心中的疑惑，引导他们性格的塑造。这时，父母的陪伴就显得尤为重要。如果在这个过程中孩子感受不到父母的关爱，他们很可能因为无人倾诉而变得沉默寡言，因为无人引导而偏离正确的成长轨道。

最近一段时间，老师常常感到球球上课时的精神状态不是很好。他看上去异常疲惫，心情也很差，如果谁不小心惹到他，他就会大发雷霆，以至于同学们都不太敢靠近他。过去的球球并不这样，这让老师很担心。询问球球发生了什么事情，他什么也不说，老师只好找来了球球的家长。

“球球最近的变化很大，是不是你们总不在他身边呀？”老师开门见山地问道。

“没有啊，我们一直陪在他身边呢！”

“可是他最近精神状态很差，你们应该多跟孩子沟通沟通，看看到底发生了什么事情。”

回到家以后，妈妈坐在球球跟前询问他到底怎么了，球球还是一言不发。劝说了好久，妈妈有些生气了，大声地问：“你到底怎么了，跟爸爸妈妈说一下有这么难吗？”

“我觉得很累，很孤独。”球球见妈妈生气了才回答道。

“孤独？我们每天陪伴着你，为什么还会孤独？”

“可你们根本就没有真正地关心我。你们的陪伴不过是坐在我身边盯着我写作业，守在辅导班外面等我下课，看着手机陪我听网课。我很累，你们根本就不知道，也不想知道。”

球球的话一句句地落在妈妈的心上，让她由最初的生气慢慢地转变成了愧疚，她突然有些心疼球球。过去，她一直以为自己为孩子付出了很多，但是今天才明白，原来，她所谓的陪伴可能都只是无用功罢了。

在陪伴孩子上，父母要真正地走进孩子心里，让他们切切实实地感受到父母的爱与关心的存在，这样的陪伴才是对他们最好的教育和引导。如果你现在还是一个徘徊在孩子心门之外的父母，那就请全心全意地去陪伴孩子，爱他所爱，想他所想，从精神上与他进行交流，你会发现，你们之间的亲子关系大踏步般地向前迈进了。

做孩子的榜样

虽然孩子上学以后，有了真正的老师，与父母相处的时间减少了，但是在他们心中，父母始终是他们最重要的老师。通常情况下，孩子很少会明确地说“我要向爸爸妈妈学习”之类的话，但是父母说话的方式和待人接物的态度会潜移默化地影响他们，所以做好孩子的榜样是对孩子无声的教育。

馨儿家买新房之前，一直和爷爷奶奶生活在一起。虽然空间比较局促，但一家人其乐融融，相当幸福。奶奶身体不是很好，经常会手脚冰凉，为此爸爸每天晚上都会给奶奶准备一盆热水泡脚，好让她舒服些。那时馨儿还小，不知道奶奶为什么需要每天泡脚。爸爸告诉她，泡脚的作用很大，不仅有利于睡眠，还可以解乏。

后来，馨儿爸爸买了新房，不再跟爷爷奶奶住一起了，爸爸也就没机会再每天给奶奶打水泡脚了。一天晚上，爸爸工作到很晚才回来，回到家就躺在沙发上休息，一脸疲惫的样子。馨儿不知道自己能干点儿什么，突然，她想到了泡脚可以解乏，于是就去打来一盆热水，端到爸爸的跟前。

“爸爸，泡泡脚吧。”

“咦？怎么想起给爸爸泡脚了？”

“过去您给奶奶泡脚，现在我长大了也可以给你泡脚了。”

看到馨儿如此懂事，爸爸非常感动，直说：“我的馨儿长大了。”

人们常用“近朱者赤，近墨者黑”来形容一个人受所处环境或受他人的影响。父母与孩子朝夕相处，对他们的影响自然也是最大的，所以做好孩子的榜样是父母最重要的事情。留心观察我们就会发现，在一个家庭中父母的性格、爱好、气质、品味以及价值取向决定了一个家庭的文化，它对孩子的成长有着决定性的影响。

成成爸爸是一个喜欢贪小便宜的人，无论跟谁相处，他从来都不让自己吃亏，甚至还有一点儿小偷小摸的坏习惯。妈妈是个比较正直的人，常常因为这种事情跟爸爸吵架，可他的习惯就是改不了。

一次，爸爸下班回家时手里拿着几个西红柿，妈妈问道：“你买西红柿了？”

“没有，我们今天给一个菜农干活，临走时跟他要几个西红柿吃，他偏不给。”

“人家付给你工钱了，不给也是正常的，毕竟现在菜价那么贵。”

“看他那么小气，我就自己摘了几个，他看见了也没说什么。”

“你呀，不占点儿便宜心里就不舒服。你这样会带坏孩子的。”

可是爸爸却不以为然，依旧不约束自己。成成将爸爸的所作所为都看在了眼里，也觉得爸爸并没有做错什么。

上学后，成成每次回家情绪都不是很高，妈妈询问他，他也只说同学们都不愿意和自己玩，妈妈只当是小孩子间的矛盾，没有太在意。直到有一天，成成拿回来一个漂亮的铅笔盒，妈妈才意识到成成真的被爸爸带坏了。于是，伤心的妈妈冲着爸爸一顿责备：“你真的想毁掉儿子吗？他现在都以你为榜样了，他还有大好的前途吗？你都不管了吗？”妈妈的责备句句敲打在爸爸的心上，他虽没有文化，没有胸怀，但对儿子的爱是真的。于是他当着儿子的面进行了自我批评，保证以后做一个正直的人，希望儿子不要学习自己。

父母想要孩子健康成长，就要给孩子营造一个积极向上、幸福美满的生活环境。通常情况下，孩子更愿意看到父母有文化、有教养、举止文明、作风民主、待人友善。所以，想要成为孩子的榜样，父母就从自我完善开始吧。

及时解开孩子的心结

孩子的内心总是纯粹而干净的，然而生活中总有一些不尽如人意的事情会污染孩子的心灵，从而使他们产生一些心结，变得忧虑、困惑，烦恼重重，给成长带来极为不好的影响。但孩子并不会自我疏解，有时候他们会把心结深深地埋在心底，看似已经忘记，但在未来的某一天可能就会出现，再次造成困扰。面对这样的情况时，父母就要及时帮助孩子解开心结，让他们从内心深处忘记烦恼，快乐地成长。

小柯是一个从小就很热爱音乐的孩子，尤其喜欢各种曲调。每次听到悠扬的曲子，总会情不自禁地停下脚步去认真聆听。后来，妈妈给他报了钢琴班。他非常高兴，虽说刚开始学习他觉得很吃力，可很有信心能够学好。

小柯的爸爸并不赞成他上这个兴趣班。他觉得现在学习钢琴还为时尚早，还会分散掉小柯一大部分学习精力，得不偿失。不过小柯非要坚持去学，爸爸也就没说什么。

一次，家里来了一位懂音律的客人，爸爸让小柯把新学的曲子弹给客人听。小柯兴致很高地弹了起来。之后，这位客人毫无保留地指出了小柯的错误之处，丝毫没有因为他是一个孩子而嘴下留情，最后还有意无意地叹了两声气。这让爸爸更加坚定了不想让小柯学习钢琴的想法。

爸爸说："你看，学习了这么久还是错误百出，我看你以后还是专心学习吧。"

从那一次后小柯自尊心受到了打击，虽说没有放弃学钢琴，但是却再也不敢在公开场合弹奏了。这也成了他的心结。因为这个心结，小柯的自信心少了很多，钢琴学习也进步缓慢了。

元旦联欢会就快到了，老师知道小柯学习钢琴，就想让他给大家弹一首，可小柯一下子就拒绝了。妈妈知道小柯的心结，于是不断地鼓励他，告诉他别人的认可就是对自己的证明。经过一番思想挣扎之后，小柯终于答应了老师的任务。

晚会上，小柯刚开始很紧张，老师和同学们热情地给他鼓掌，他再次想到妈妈的话，于是认真弹了起来，一首曲子最后很出色地完成了。

有了这次的经历，小柯的心结也解开了，钢琴进步很快。他说："妈妈，谢谢你鼓励我，我再也不害怕给别人表演了。"

孩子的心灵很脆弱，有时，一个小小的心结很可能对他产生严重的伤害，甚至影响他良好性格的塑造。这是父母不愿看到的现实。父母要好好地陪伴孩子，就要帮助他清扫成长道路上的负能量，使他拥有更多的健康快乐。

小霞以前是爸爸妈妈的掌上明珠，只要是小霞想要的东西，他们就想方设法地去满足她。因此，小霞常常觉得自己就是公主，生活在一个幸福的王国里。然而她的公主梦随着弟弟的到来结束了。

爸爸为了维持一家人的开销起早贪黑地努力工作；妈妈每天都要照顾嗷嗷待哺的弟弟，忙得分身乏术，于是很多家务事就落在了小霞这个姐姐身上。每天回到家，小霞不是要给妈妈递这递那，就是要帮忙照看弟弟，总是被呼来喝去。有时候，妈妈心情烦躁时还会责怪小霞没有把事情做好，辅导功课时也是责备、怒吼，有时还会打骂她。面对爸爸妈妈这样的转变，小霞的心都碎了。她觉得这一切都源于自己的弟弟，所以她不喜欢弟弟，甚至曾经还希望他从这个家彻底消失。

慢慢地，小霞的心里被委屈和无助填满，脾气变得越来越暴躁，同学们都不敢再靠近她了，她的学习成绩也直线下滑。妈妈不知道小霞为什么会变成这个样子，每当她与小霞独处的时候，她还算是乖巧，可每每看见弟弟，小霞就变得霸道、烦躁。后来妈妈才明白，原来小霞的心结就是她的弟弟。爸爸妈妈在有了弟弟之后太忽略小霞的感受了。

妈妈给小霞解释，之所以要生下弟弟，就是想给她留一个最亲的人。后来，爸爸妈妈也为自己的态度向小霞道歉，小霞终于解开了心结，接纳了弟弟。慢慢地，她改变了自己的坏脾气，学习成绩也稳步提升了。

在日常生活中，父母要时刻关注孩子的情感，给他们关心和爱护。我们不能成为漠视孩子无助的父母，更不能成为给孩子制造心结的父母。当孩子出现情绪问题时，父母要及时地与孩子进行沟通交流，并自我反省，从而更快地解开孩子的心结，将对他们的伤害降到最低。

关键时刻送上你的支持

孩子在成长的道路上总会遇到无数选择，有时候，他们会茫然无措，因为他们没有生活经验，不知道该如何去做。这时，父母就该给予孩子一定的支持，帮助他跨越各种障碍，快速地成长。

当孩子面对困难想要放弃的时候，父母要给予一定的支持，让他从父母的支持中获得坚定的力量，从而战胜困难，因为父母的鼓励和帮助会使孩子面对困难时充满勇气。

平平是一个小学三年级的女孩。她的学习成绩很好，喜欢助人为乐。一次平平和妈妈在小区里玩耍，认识了一个一年级的小妹妹。从小妹妹的奶奶口中，她们知道，小妹妹的爸爸妈妈常年在外打工，家中只有奶奶和小妹妹居住。奶奶上了年纪，根本辅导不了小妹妹的功课，由于家庭条件不好，请不起家教，所以小妹妹的学习成绩并不好。

听了这些，平平自告奋勇："以后，我辅导帮助小妹妹学习，毕竟我是三年级的大姐姐嘛。"看见女儿古道热肠，又想正好可以巩固之前学的知识，妈妈也没有反对，于是平平就跟小妹妹商量，每周周末就去给她讲功课，让她把一周的错题都收集起来。之后，两人交换了住址，愉快地决定了。

刚开始，平平的热情还很高，每个周末都会去给小妹妹讲题，可慢慢地，她就不想再去了。“妈妈，最近天气太冷了，虽然咱们住在一个小区，可也有段距离，我走在路上可冷了。”

“那好办呀，妈妈给你找件厚外套就好了。”

“可是，我还是不想再去了。”

“为什么呀？”

“因为，因为我也有好多题弄不明白，没办法给她讲。”平平不好意思地说道。

“原来是小老师遇到了困难呀！没关系，老妈支持你，不会的问题我帮你讲。你既然答应小妹妹帮助她一个学期，你就不能轻易放弃，半途而废呀！”

“真的吗？你愿意跟着我去吗？”平平又惊又喜地问道。

“当然了。”

从那以后，为了支持平平帮小妹妹讲功课，妈妈尽量把周末的事情都提前办好。有了妈妈的支持，平平的信心更足了，她心想：有困难就退缩的确不怎么好，幸好有妈妈的支持让我明白了坚持的意义。

当孩子需要父母给他一些支持时，父母要凭借自己的经验去给他提供帮助，从而推动他成长。例如，当他害怕与人交往时，父母要给他鼓励，教他一些处世技巧；当孩子想要放弃一件有意义的事时，父母要告诉他应该克服一切困难，给予孩子精神上的鼓励和支持。另外，孩子还需要父母情感上的支持，当孩子伤心难过时，父母可以帮他疏导情绪，排解忧愁。

小娇从小就对画画很感兴趣，尤其是素描，她觉得用一些简单的线条就能创造出各种惟妙惟肖的图案来，很有意思。为了支持她的兴趣，妈妈给她报了素描班。

可是学了一段时间之后，小娇觉得素描远没有自己想象得那么有趣，整天只是用黑色的铅笔画一些立体的图形，完全没有乐趣可言，就想要放弃。当她跟妈妈表达了自己的想法以后，妈妈说："做任何事情都需要持之以恒，没有哪一个成功是随随便便得来的。你看看那些大画家，有谁不是这样开始的呢？只要你坚持过这段时间，未来可期呢。"

在妈妈的鼓励下，小娇坚持了下来。熬过了那段枯燥期以后，她又重新爱上了素描，并且还获得了不少儿童组的素描奖项呢。

所以，在教育孩子时，父母应该适当地坚持自己的立场，在关键时刻给孩子以支持，这样他们才能感觉到强有力的后盾，更加敢于勇往直前，成就更好的自己。